엄마이자

나로

살겠습니다

엄마이자
나로
살겠습니다

1판 1쇄 인쇄 2022년 2월 14일
1판 1쇄 발행 2022년 2월 14일

지은이_ 김정은, 배현주, 양정화, 오지민, 이은주, 이지혜,
정경선, 정효경, 최혜미, 최현정, 황다영, 김수경, 최미영
기획_박선아 디자인_문유라 일러스트_김재환 마케팅_문유하
등록번호_제2018-000016호 펴낸곳_달빛북스
주소_경남 김해시 식만로 348번길 42
전화_055-311-1584
전자우편_dalbitbooks@gmail.com

이 프로젝트는 (재)경상남도평생교육진흥원 지원사업으로
김해시 인재육성지원과 평생학습팀의 지원을 받아 진행하였습니다.

유산으로 남길 두 번째 이야기

엄마이자 나로 살겠습니다

엄마가 쓰는 혁명 시나리오

김정은 배현주 양정화 오지민 이은주 이지혜 정경선
정효경 최현정 최혜미 황다영 김수경 최미영

달빛북스

빛을 보고 싶다면 **당신 스스로 그 빛이 되어보라.**

세상을 변하게 하는 첫 단계는

자기 자신을 이해하는 것이다.

To see the light you must be the light.

The first step on the path of world

transformation is self-appreciation.

《내것이 아니면 모두 버려라》 중에서

명대사

아이들의 추천사

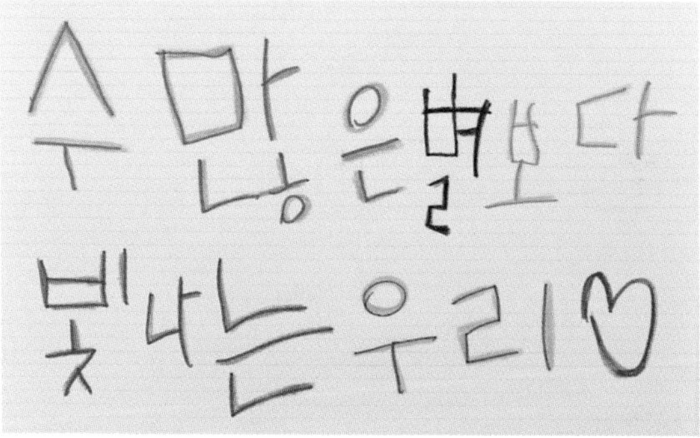

"수많은 별보다 빛나는 우리" 양준영(7살)

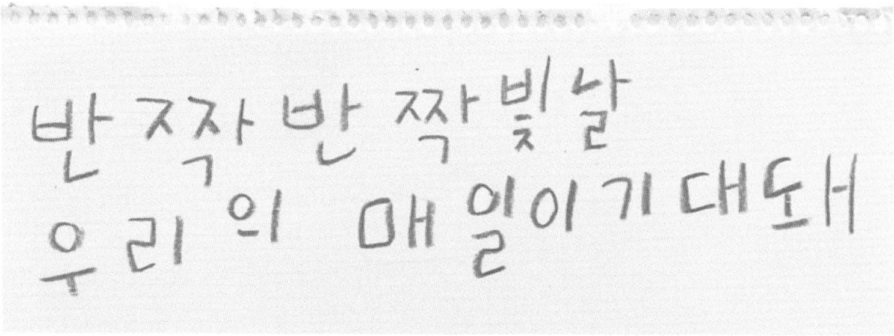

"반짝반짝 빛날 우리의 매일이 기대돼" 양다경(7살)

“치유” 신연서(6살)

“순간을 소중하게 피어나는 지금” 이서진(7살)

“눈이 부시게” 유시아(5살)

"행복은 지금 여기에" 윤세정(6살)

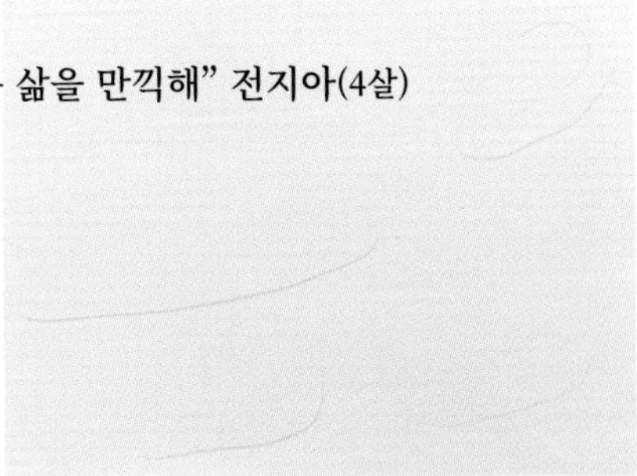

"진짜 나로 사는 삶을 만끽해" 전지아(4살)

"나" 안휘승(19개월)

“도전하며 살아” 백다은(7살)

“지금 이 순간 만끽하며 살아라” 임하린(5살)

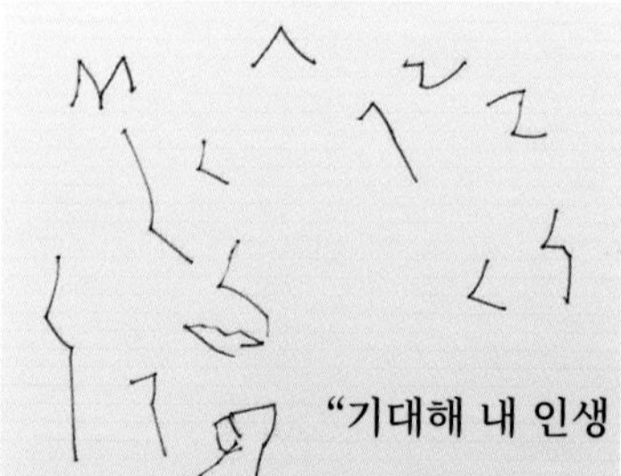

“기대해 내 인생 이제 시작이야” 강민재(4살)

엄마가 펜을 들고 쓰기 시작하면

아이의 미래가 달라집니다.

이 책은 12번째 저자인 당신과 함께 완성됩니다.

엄마의 진심을 기록해주세요.

이 세상 모든 엄마는 작가입니다.

아이에게 선물해 주고 싶은 말을 아이와 함께 적어보세요.

목차

엄마이자 나로 살겠습니다
- 11인의 작가 소개

김정은 작가

이 시대가 말하는 엄마는 가족을 위해 희생이 필요한 존재였다.

나 또한 그랬다. 눈뜨고 잠들기까지 반복되는 일상과

매일 밤마다 하는 똑같은 고민들…….

어쩌면 엄마로서 당연하다고 생각했는지도 모른다.

어느 순간 무기력해졌다.

20대 때의 그 패기와 당당함은 찾아볼 수 없었다.

스스로 한없이 초라할 때도 있었다.

내가 바라는 삶은 이게 아니었는데…….

돌이킬 수 없는 후회와 함께 마음의 문을 닫아버렸다.

하지만 이건 나만의 착각이었다.

같은 하늘 아래 사는 사람 중에 특별하지 않은 사람은 없었다.

우리는 모두 자신의 인생에서 주인공이라는 걸 잊지 말자.

난 충분히 사랑받을 자격이 있고,

그 누구보다 빛난다. 당신도 그렇다.

배현주 작가

나는 싱글맘이다.

2019년 7월 31일, 산업재해로 남편을 떠나보냈다.

이후 임신 사실을 확인했고

열 달 동안 아이를 품어 무사히 출산했다.

웬만해선 사람이 변하지 않는데,

웬만하지 않은 일을 겪으니

'사람이 이렇게도 변할 수 있구나'를 몸소 느끼고 있다.

제일 소중한 것을 잃으니 모든 욕심이 싹 사라졌다.

예전에는 '도전', '열정' 이런 키워드에만 눈이 갔는데

지금은 '서로'라는 단어가 눈에 들어온다.

참 신기하다.

마지막 순간에도 타인의 생명을 구하기 위해 노력했던 남편처럼

나도 이타적인 삶을 살아 보겠다.

그리고

이제 그만 털고 일어나

당당한 엄마가 돼 보려 한다.

양정화 작가

딸에게 나로 사는 삶을 만끽하자 이야기하는 엄마이자 나로 사는 삶을 만끽하는 나.

세상은 무언가를 잘해야만 잘 살 수 있다고 이야기했다. 발레는 전공할 만큼은 못하니까 하면 안 된다고 했고, 공부는 어느 정도 하니까 더 열심히 하면 성공할 수 있을 거라고 했다. 세상이 나에게 말하는 '잘한다'의 기준은 무척이나 헷갈렸지만 나는 더 잘하고 싶어 했다.

난 엄마가 되고 나서야 잘해야 하는 것 말고 원하는 것을 찾아보기 시작했다. 나의 엄마는 나의 기쁨을 바라는 든든한 버팀목이었고, 나의 딸은 내가 원하는 삶을 찾도록 돕는 선물이었다.

앞으로는 엄마의 딸로, 딸의 엄마로, 그리고 진짜 나로 사는 삶을 함께 '만끽'하려 한다.

세상의 모든 딸과 엄마가 나로 살기를 꿈꾸는

박지영의 딸, 전지아의 엄마, 양정화.

오지민 작가

성장하는 너희를 보며 엄마도 엄마의 성장을 욕심낸다.

내가 너희를 잘 양육해야 한다고 생각했었는데

엄마도 너희도 스스로 커 갈 때

큰 가지를 뻗을 수 있는 나무가 됨을 알아차리기 시작했다.

서로의 고유함을 지키며 자신만의 꽃을 피울 수 있는 우리는, 서로의 큰 나무가 되어 아름답게 피어나는 중이다. 그런 나의 모습을 지켜보는 나는, 오늘도 조금씩 성장하고 있다.

진짜 나를 마주하는 시간이 찾아와 이렇게 기록으로 남겨진다.

설렘, 두려움, 부끄럼, 당당함이 내 안에 조용히 스며든다.

이은주 작가

나는 나를 잘 모르겠다. 명확하지 않은 사람인 것 같다. 무언가를 끊임없이 하고 있지만, 분명히 끝맺는 일은 드물다. 이런 나의 이야기가 책으로 나온다고 했을 때 두려움이 컸다. 명확하지 않은 나의 이야기를 글로 써간다는 게 말이 되나? 내가 마음대로 끄적인 낙서가 세상에 나오는 것 같아 부끄럽기도 하다.

하지만 이대로 좋다. 이게 나 이은주인걸….

이지혜 작가

아이를 잘 키우고 싶었다. 그리고 나도 잘 크고 싶었다. 엄마가 된 후 쏟아지는 수많은 말 속에서 어떻게 해야 할지 모를 때, 내 마음의 소리에 귀를 기울이기 시작했다.

'너도 귀해. 너도 충분해.

아이와 남편과 같이 해가면 돼.'

그 말을 믿고 싶어서 몸부림치고 그 말을 믿게 되면서 한 발씩 딛고 있는 4살 엄마이다.

정경선 작가

1981년 장녀로 태어나 든든한 맏딸로, 학창 시절 16년 모범생으로, 회사 생활 15년 일잘러로 난 참 여러 역할을 잘도 해내며 열심히 살았었다. 엄마도 그렇게 열심히 하면 되는 줄 알고 열심히 하다가 큰코다치고, 이제는 해야 하는 것을 잘 해내는 것보다 원하는 것에 집중하며 살 때 훨씬 행복하다는 걸 깨달았다. 이 모든 걸 나에게 가르쳐 주러 온 선물 같은 다경아, 지원아.

엄마는 이제 원더우먼이 아닌 나로 살 거야.

반짝반짝 빛이 날 우리의 미래 너무 기대된다.

정효경 작가

사람의 온기와 사랑으로 상처가 아물고

치유되는 삶을 살고 싶은 나.

그로 인해 내면의 안녕과

더불어 사랑하며 사는 길을 걸어가고 싶은

엄마이자 아내이자 딸이자

나 자신인 사람.

최현정 작가

아이와 함께 자라는 중입니다.

언제나 포기와 합리화가 익숙했던 나,

5살 아이를 통해 포기하지 않는 법을 배우고 있네요.

아이에게 해주던 따뜻한 이야기를

이제는 저 스스로에게도 건네주고 싶어요.

이런 저의 마음속 이야기를

내 아이에게도 꼭 남겨주고 싶어서

오늘도 한발 내디뎌봅니다.

최혜미 작가

저는 늘 도전하고, 꿈꾸는 엄마입니다.

하루 24시간이 모자랄 정도로

하고 싶은 게 많은 저는 '하고재비'입니다.

그냥 산이 좋아서 25살부터 전국 팔도로 산을 다녔고요.

사진이 좋아 카메라를 들고 다니며 사진을 찍었고요.

춤을 추고 싶어 라틴댄스(살사)에 도전 했고요.

여행이 좋아 틈만 나면 여행을 다녔던 자유여행 마니아였어요.

물론, 완벽하게 다 잘 하진 않습니다만… 그래도 늘 도전을 했고,

그 도전 속에서 행복을 느끼는 사람입니다.

지금도 저는 도전 중입니다.

황다영 작가

나의 탄생화는 캐모마일이다. 꽃말은 역경에 굴하지 않는 강인함. 도대체 내 앞에 얼마나 많은 역경이 있길래 이런 꽃말을 가진 꽃이 나의 탄생화일까라는 생각이 들었다.

나는 항상 나의 쓸모에 대해 고민하며 살아왔고, 끝나지 않은 정체성에 대한 고민은 늘 나를 불안케 했다. 그 불안은 언제라도 나를 잠식할 것만 같았다. 그 어마어마하게 큰 파도가 덮쳐왔을 때 그대로 바닷속으로 영영 가라앉는 줄만 알았다. (어쩌면 나는 수심 7cm의 아주 고요하고 따듯했던 엄마 자궁 속으로 돌아가고 싶은 건 아니었을까 하고 생각해 본다.)

하지만 언제나 그러했듯, 숨을 참고 헤엄을 쳐서 수면 위로 올라왔다. 생각보다 바다는 잔잔했고 햇볕이 내린 윤슬은 더없이 찬란했다.

쓰임새의 문제보다 온전히 내가 '나'임을 아는 것. 포기하지 않고, 두려움을 넘어선 내가 결국 회피하지 않고 여기까지 왔다는 것을 이제는 안다.

프롤로그
엄마는 이런 생각을 합니다

캥거루그림책 대표 최미영

당신은 이 책의 첫 페이지를 읽었을 때 가슴으로 연결되고, 마지막 페이지까지 읽었을 때 나로 살고 있을 거예요.

나 하나 희생해서 우리 가족이 행복할 수 있다면 기꺼이 그러하겠노라고 다짐하며 살았던 적이 있었어요. 그런데 희생의 자리에서 엄마 역할을 하면 할수록 우리 가족은 행복이 아닌 그 반대편으로 걸어가고 있었어요.

저는 누가 봐도 참 화목한 가족의 엄마였어요. 남편은 나를 사랑하고 아이들과는 매일 그림책을 읽었어요. 그런데 단 하나 해결되지 않은 질문이 있었어요. '우리 가족이 행복하기 위해서 나는 계속 희생해야 하는 걸까?' 고민의 시간이 흘렀지만 답을 찾을 수는 없었어요.

'계속 희생하며' 살게 되면 5년 후에도 지금처럼 살고 있을 것 같다는 생각이 점점 커졌어요. 아이들의 엄마, 남편의 아내로서

해야 할 일을 먼저 하며 나를 위한 선택은 계속 미루며 살 것 같았어요. 어떻게 살아야 하는지 알 수 없었어요. 내가 무엇을 하고 싶은지, 무엇을 좋아하는지 기억나지 않았어요.

좋아하는 음식조차도 남편과 아이의 입맛에 맞춰져 있었고, 일상과 옷도 내가 좋아하는 것보다 아이들과 함께하기 좋은 것에 맞춰져 있었어요. 나의 이름은 엄마였거든요. 나도 최미영으로 불리고 싶었어요. 그런데 너무 꽁꽁 숨어버려서 도통 찾을 수가 없었어요.

내가 엄마가 되지 않았으면 어땠을까?
내가 결혼을 하지 않았으면 어땠을까?
내가 여자로 태어나지 않았다면 어땠을까?

너무 힘들어서 삶을 포기하고 싶었을 때, '달빛책방'을 만났고, 비로소 나를 위한 질문을 받았어요.

"어떤 삶을 살기 원해요? 어떤 삶을 아이에게 유산으로 남기고 싶어요?"

흐릿했던 원함은 선명해지고, 나로 살면서 엄마로 더 풍성하게 살 수 있다는 걸 알았어요. 이 세상 그 누구보다 내가 가장 귀하다는 것을 알게 되었어요.

희생의 자리에 있을 때는 닿지 않던 행복이었는데, 나를 귀하게 대하자 행복으로 가득 채워지고 있음을 느꼈고, 내가 경험한 것을 다른 엄마들에게도 소개하고 싶었어요. 가족을 위한 희생이 아닌 '엄마 먼저 행복'이라고 말하고 싶었어요.

이 책의 이야기는 이렇게 시작해요.

한 사람은 존재 자체로 충분하다고
당신은 사랑받기 위해 태어났다고
너를 너무나도 많이 사랑한다고
그냥 너라서 좋다고

우리 아이들이 살아갈 세상을 엄마들이 먼저 살면 된다고 말하면서 그렇게 살 수 있는 길로 가는 질문을 하나씩 해줄 거예요.

그러니 우리 누구의 엄마, 누구의 딸, 누구의 아내가 아닌
감히 나 자신으로 살아요.

당신은 이 책을 끝까지 읽었을 때 머리가 아닌 가슴으로 살아가는 엄마들이 당신을 안아주는 걸 느낄 거예요. 같이 하자고 말하는 소리가 새겨져서 나 자신으로 살게 될 거예요.

미리 축하와 응원을 보냅니다.

안녕 엄마

안녕 딸

우리는 또 어떤 이야기를 펼치게 될까?

《안녕 나의 엄마》 중에서

1장

책 쓰는 엄마로 살기

- 친정엄마에게 쓰는 편지
- 남기고 싶은 이야기

#1
책 쓰는 엄마로 살기

엄마 자신을 읽기 위해 책을 읽고, 나로 살기 위해 책을 씁니다.

지금부터 엄마들의 진심을 읽어보세요.

친정엄마에게 편지로 고백을 하고

아이에게 남기고 싶은 이야기를 새기면서

이 세상 가장 멋진 엄마가 되어가는 과정을 만날 거예요.

당신이 엄마에게 받은
유산은 무엇인가요?

신관수의 딸 오지민

엄마, 오늘은 어떤 마음으로 하루를 시작했어? 우린 오늘 아침에도 "잘 잤어? 밥은 먹었어?"라는 사소한 대화를 전화로 주고받으며 서로를 확인했었지.

가을이 되니 날이 참 시원하고 햇살은 따뜻해서 좋아. 오늘은 책을 쓰는 분들과 함께 '나의 엄마'에 대한 이야기를 나누었어. 엄마라는 이름은 세상 모두에게 울음 키워드인 것 같아. 엄마와의 이야기를 하려니 눈물도 나고 자랑스럽기도 하더라.

이제 내가 나이를 먹으면서 철이 들었는지 엄마한테 서운해했던 마음이 부끄럽기도 하고, 지나온 엄마의 삶을 돌아보게 됐어.

아이였던 내 모습과 우리 아이의 모습이, 또 그때의 엄마의 모습과 지금의 내 모습이, 자꾸만 한 장의 사진 속에서 특별한 순간이 되어 마주할 때가 있어. (이 글을 쓰면서도 계속 눈물이 나는데 코로나 시대의 마스크가 얼마나 요긴한지 몰라.)

엄마는 정말 많은 아이의 엄마의 역할을 하며 살아온 거 같아. 누구도 할 수 없었던 일이고, 앞으로도 그럴 것 같아. 한 가족이었던 우리는 이제 각자의 가정을 이루며 살게 되었고, 가장 친한 친구가 되었어.

엄마 있잖아. 이제 엄마도 하루하루 엄마 자신을 위해 즐길 수 있는 일을 하면 좋겠어. 그때 그 시절 골목대장이었다던 어린 신관수의 마음을 꺼내서 더 많이 즐기고 기쁘게 살아갔으면 좋겠어.

우리 함께 하고 싶은 거 하면서 살자.

그리고 건강하게 살자.

박지영의 딸 양정화

사랑하는 나의 엄마, 소중한 지영 씨께.

안녕, 엄마?

난 엄마가 나의 엄마라서 진심으로 좋아. 그런데 엄마에게 "사랑한다는 고백을 언제 했더라?" 하는 생각이 들더라. 엄마에게 나는 좋은 딸이자 친구이고 싶은데, 엄마 생각은 어때? 난 사랑하는 사람들에게 좋은 것만 주고 싶은데 그런 마음과 달리 때로는 상처를, 때로는 고민을 주었던 것 같아.

엄마, 나는 말이야. 엄마가 어떤 생각을 하고 지내는지, 엄마의 삶에서 무엇을 남기고 싶은지, 무엇을 좋아하는지, 고민이 뭔지 늘 궁금했지만 엄마에게 직접 물어보지는 못했던 것 같아.

엄마에게 꼭 하고 싶은 말이 있어. 엄마, 엄마가 아프고 힘들었던 때에 내가 함께 있어주지 않아서 미안해. 오히려 엄마를 외롭게 만든 건 내가 아니었을까? 그럼에도 엄마가 겪었던 그 아픔을 견디어주고 넘어주어서 고마워.

엄마, 나는 여전히 엄마에게 기대는 어린 딸이지만, 이제는 엄마에게 든든한 친구이고 싶어. 더 이상 엄마의 보살핌에 기대는 딸이 아니라 엄마에게 믿음직한 딸이고 싶어. 그래서 엄마가 나의 엄마이자 박지영이라는 존재로서 그 삶을 누리고 만끽하며 살기를 바라. 나에게 지아를 키우며 살아가는 것이 기쁨이듯, 엄마도 나의 엄마로 사는 것도 기쁨이겠지. 그렇지만 그것보다 엄마 자신으로 더 많이 누리고 만끽하며 살았으면 좋겠어.

그리고 나도 내가 기쁜 삶을 살 거야. 다른 사람의 기준이 아닌 내가 원하는 모습으로 살아갈게. 그런 나의 삶을 엄마의 삶으로 응원해 줄래? 엄마가 기쁘게 산다면, 나에게 큰 힘이 될 거야. 우리 함께 나 자신으로 살아가자.

엄마, 존경하고 사랑해요.

그리고 엄마 딸로 낳아주고 키워주셔서 감사해요.

엄마의 하나뿐인 딸이자 친구, 정화 올림.

김서영의 딸 최현정

엄마를 떠올리면 초등학교 시절 친구들 앞에서 어깨가 으쓱했던 그 날이 가장 생각이 나요. 엄마가 일일 교사로 우리 반에 오셨는데, 내 눈에는 가장 예쁘고, 똑똑하고, 멋졌던 젊은 날 엄마의 모습이었어요.

항상 바쁘게 살았던 우리 엄마, 매사에 도전하는 엄마 모습을 보면 나도 열정 가득한 인생을 살고 싶었는데 저는 엄마만큼 안될 때가 많아서 속상하고, 엄마의 열정이 부러울 때가 있었어요.

그런데 시아를 낳고 점점 커가는 모습을 볼수록 나도 엄마 같은 엄마가 되고 싶어졌고 열심히 살려고 노력하게 되더라고요.

그러다 문득 그런 생각이 들었어요.

'우리 엄마도 이런 마음으로 열심히 살았을까?'

엄마가 되고 보니 엄마로서의 삶을 살아내면서 나 자신의 인생을 사는 것은 정말 벅차고도 어려운 일이네요. 그럼에도 불구하고 자식 탓 한번 안 하시고 열심히 살아줘서 고마워요.

사실 제가 늘 듣고 싶었던 말은 '사랑한다, 잘하고 있어, 너를 응원해, 네가 최고야.' 그런 말들이었어요. 눈빛과 마음으로는 항상 응원해 주셨지만, 이제는 엄마의 목소리로도 꼭 한번 듣고 싶어요. 이런 멋진 칭찬에는 조금 서툰 엄마였지만 그래도 저에게 엄마는 언제나 멋지고 닮고 싶은 엄마예요.

엄마, 엄마는 하고 싶은 일을 향해 나아갈 때 가장 빛나요! 어떤 일이든 엄마의 선택을 응원해요. 엄마의 앞으로의 인생이 지금보다 더 반짝반짝 빛났으면 좋겠어요.

엄마가 나의 엄마여서 고마워요. 사랑해요.

사실 제가 늘 듣고 싶었던 말은

'사랑한다'

'잘하고 있어'

'너를 응원해'

'네가 최고야'

엄마, 엄마는 하고 싶은 일을 향해

나아갈 때 가장 빛나요!

어떤 일이든

엄마의 선택을 응원해요.

엄마가 나의 엄마여서

고마워요. 사랑해요.

김춘임의 딸 최혜미

엄마 안녕! 엄마의 사랑스러운 막내딸 혜미야.

어린 시절의 엄마는 나에게 늘 이렇게 얘기했어~

"우리 딸 이쁘다 잘한다."

엄마의 정성 가득한 사랑을 받으면서 나는 자랐지.

어릴 때 엄마를 보면 바쁘고, 늘 바쁘고, 또 바빴지만, 우리 삼남매를 키우면서도 힘든 기색 없이 항상 웃는 얼굴이었어. 아이를 낳고 키우다 보니 알겠더라고, 누군가를 키우는 게 얼마나 힘든지. 엄마는 아빠가 사고로 누워 계실 때도, 아빠를 간호하며 우리 삼 남매를 잘 키워냈고, 거기다가 워킹맘으로서 밖에서도 인정받았지. 나는 엄마가 늘 대단하다는 걸 느끼며 살고 있어~!

난 말이야~! 언니 오빠들보다 잘하는 아이는 아니었지만, 엄마의 칭찬으로 누구보다 나 자신을 사랑하는 아이로 자란 것 같아. 늘 "우리 딸 잘한다."라고 얘기해 준 우리 엄마, 고마워!

사랑하는 우리 엄마!

엄마가 준 사랑만큼 나도 그 사랑을 아이들에게 마음껏 표현하는 것 같아. 이렇게 사랑을 표현할 수 있는 딸로 키워줘서 너무 고맙고 사랑해!

엄마, 한 가지 바람이 있다면 지금부터는 엄마가 하고 싶은 것을 마음껏 누리며 살았으면 좋겠어.

나는 좋은 엄마이자, 나의 친구인 엄마를 사랑해!

김영미의 딸 황다영

오늘도 당신에 대한 나의 마음을 편지지에 그려봅니다. 무수히 많은 편지를 써왔지만, 쓸 때마다 내가 전하고 싶은 말은 결국 하나였습니다. 당신의 삶에서 가장 큰 부분을 차지하는 사람이 남편이나 자식, 그리고 손주들이 아니라 당신이길 바라는 마음.

나에겐 당신의 젊은 시절을 맞바꿔 나의 성장을 이룬 것은 아닌가 하는 부채감 같은 것이 있습니다. 그래서 나는 영미 씨를 생각하면, 감사하고 미안하고 애틋하고 짠하고 그런 복합적인 감정이 듭니다. 당신의 삶을 다 헤아려 볼 수는 없지만, 이제는 나도 두 아이의 엄마가 되어 감히 한번 그려봅니다. 당신께서 걸어오신 길에 대해서. 이전의 나와는 다른 관점으로.

여느 모녀 관계가 그러하듯이 굉장히 가까운 사이이기도 하지만 그 이면에 설명할 수 없는 애증도 있다 하지요. 나 또한 그런 마음이 들 때도 있습니다. 물론 당신께서도 그러하시겠지요.

'왜 엄마는 내게 예쁘다는 말 한번 제대로 해주지 않을까?'

'왜 내게 잘했다고, 충분히 잘하고 있다고, 괜찮다고 해주지 않을까?'

‘왜 항상 엄마는 그 정도는 당연히 해야 하는 거라고 할까?’

‘왜 살가운 표현은 해주지 않을까?’

나는 영미 씨의 목소리로 “우리 딸 예쁘다” “우리 딸 잘한다”라는 말을 듣고 싶습니다. 이 말을 듣게 된다면 따스한 햇볕을 받는 느낌이 들면서 눈물이 왈칵 날 것 같습니다. 나를 위해 가끔은 엄마에게 내가 듣고 싶은 말을 해달라고 말하고 싶어졌습니다.

그대가 내게 어떤 의미인지 이 편지에 담아봅니다. 그 많은 글자가 당신께 닿으면 위로가 되고 쉼이 되길 바랐습니다. 나는 언제나 그러했듯, 언제나 그러하듯 당신의 인생을 응원합니다. 당신 인생 안에 가족과 자식을 빼더라도 온전히 당신 자체로 귀한 삶이었습니다. 여태껏 잘 살아왔다고, 오늘도 그대가 내내 어여쁘길 바라는 마음 가득 담아 씁니다.

어쩌면 내 깊은 속내도 같이 잘 버무려진 편지를 써봅니다. 마음속 깊이 영미 씨를 향한 존경과 감사와 사랑을 전합니다. 과거를 견뎌줘서 고맙습니다. 그리고 지금도 견디고 있으매 나 또한 아프고 때론 쓸쓸하고 안타깝지만 버텨주는 당신께 고맙습니다. 그리고 이제는 의미가 다른 안녕과 안녕을 말하고 싶습니다.

송순헌의 딸 이은주

어릴 때 집에 가는 것이 너무 싫었어요. 할아버지 할머니의 싸움과 폭력, 치매, 냄새, 한숨은 어린 내가 감당하기에는 너무 버거웠거든요. 나는 그때 엄마가 집을 나갈까 봐 밤마다 걱정을 했어요. 일을 하는 엄마가 늦게 오는 날에는 혹시나 영원히 돌아오지 않을까 봐 엄마가 집에 들어오는 소리가 날 때까지 잠을 잘 수가 없었어요. 엄마가 사라질까 봐 걱정하면서도 이런 상황에 나를 내버려 두는 엄마를 원망하기도 했어요.

엄마, 시간이 지나 나도 엄마가 되어보니 그때 엄마는 어땠을까 생각이 들곤 해요. 엄마는 어떻게 그 시간을 견뎠어요?

할아버지와 할머니 두 분 모두 치매이셨는데 모든 수발을 혼자 다 하고 힘든 공장일 해가면서 우리를 키우셨잖아요. 엄마의 젊은 시절, 엄마의 시간은 없고 오직 식구들을 위해 살아야 했던 우리 엄마.

'그때 우리 엄마에게 행복이란 어떤 의미였을까?'

'엄마가 아닌 한 사람의 여자로서 엄마는 어떤 사람이었을까?'

내가 엄마가 되니 엄마를 생각해요.

엄마! 나도 나를 찾아가는 40대를 보낼게요. 엄마도 자신을 찾아가는 70대를 보내면 좋겠어요. 제가 엄마 옆에서 도와줄게요. 함께 엄마이자 나로 살아요. 그럼 참 좋겠어요.

사랑해요. 나의 엄마.

조명희의 딸 김정은

엄마~ 이름만 불러도 눈물이 나네. 내가 어릴 때 엄마와 아빠가 같이 일하던 모습이 생각나. 그 작은 몸으로 무거운 짐을 옮기며 힘든 내색 한 번 안 하고 내가 쳐다보면 항상 웃어줬잖아.

할머니가 우리를 보살펴주실 때 엄마 품이 많이 그리웠어. 하루 종일 붙어 있고 싶고, 엄마한테 계속 안겨있고 싶었어. 그 생각을 하며 지낸 시간이 길어져서 그런지 지금까지도 엄마에게 표현을 잘 못하는 것 같아. 나 진짜 엄마 많이 사랑하는데 무뚝뚝하고 퉁명스러운 딸이라 미안해.

사춘기 때 엄마에게 보인 철없던 행동들 '그땐 내가 왜 그랬지?' 나이 들어서 많이 후회하게 돼. 엄마도 정말 힘들었을 텐데, 하나뿐인 딸로서, 같은 여자로서 옆에서 위로는 못 해주면서 엄마를 힘들게 했던 것 같아 미안해. 결혼하고 아기 낳고 살다 보니 엄마에게 미안했던 일만 계속 생각이 나.

엄마~ 힘들었던 일은 다 날려 버리고 이제 자유롭게 살면 좋겠어. 지금도 과거 얘기하는 엄마 보고 있으면 마음이 아파. 엄마는 젊었을 때도 예뻤는데 지금도 참 예뻐. 우리 항상 좋은 것만 생각하자. 손주 커가는 모습 보면서 웃어요. 이제 꽃길만 걸어요. 알겠지? 부족한 딸이지만 앞으로 잘할게.

엄마~ 살면서 처음 하는 말이야. 세상에 태어나게 해줘서 정말 고마워. 엄마가 내 엄마라서 너무 좋고, 다음 생에서도 엄마 딸로 태어나고 싶어.

표현 정말 못하지만 우리 엄마 내가 진짜 많이 사랑해.

박덕분의 딸 정효경

엄마에게

엄마를 떠올리면 이유 없이 화가 나다가도 엄마의 따뜻한 말 한 마디에 내 마음이 봄바람처럼 녹았어. 내 딸아이를 낳고 나를 돌이켜보며 치유를 위한 노력을 거쳐 이제는 엄마의 인생이 한 여자의 인생으로 다시 보이게 되었어.

엄마는 사랑을 표현하는 법, 자신을 돌보는 법, 사랑하고 사랑받는 법을 몰라서 한평생을 길 잃은 아이처럼 방황하고 외로웠을 것 같아. 내가 아이를 낳고 나니 이제는 그런 엄마가 느껴져서 마음이 아파.

엄마, 나는 엄마와 사랑을 더 표현하고 살았으면 좋았을 것 같은데 돌아보면 후회가 되기도 하고, 지난날들이 아까워서 슬프기도 해. 하지만 지금이라도 알게 되어 얼마나 다행이야.

엄마에게 따뜻한 사랑 표현은 아직 서투르니 이해해 줘. 조금씩 표현할게. 매일을 함께 사랑하자.

정순옥의 딸 배현주

천사, 부처, 보살은 그만.
이제는 "엄마 하고 싶은 거 다 하고 살아요."
치매 시어머니스쿨에서 졸업하고 나니
다이나믹한 외손자 학교에 연이어 입학 했네요.

희생은 그만.
남을 위해 사는 인생은 그만
이제는 좀 이기적이어도 돼요.

천사, 부처, 보살 얘기 그만 들어요.
인생을 즐길 줄 아는 멋진 '정순옥'이 되세요.
맛난 거 먹으러 다니고, 단풍놀이도 가세요.

엄마, 인생은 즐기기에도 시간이 너무 짧아요.
하고 싶은 거 다 하고 살아요.

하춘자의 손녀 이지혜

안녕 나의 엄마. 나의 할머니.

할머니 내가 제일 행복했을 때가 언제인지 알아? 작년 생일 때 기억나? 할머니가 내가 태어난 날, 태어난 시간에 맞춰서 전화해서 이렇게 말했잖아.

"우리 혜야. 이 시간에 태어난 그 순간을 상상하고 있었다. 네가 태어난 게 너무 좋고 너무 기뻐서 전화한다. 나는 우리 혜야가 태어나서 너무 행복하게 살고 있어."

그때 얼마나 고마웠는지 몰라. 갓 2살이 된 나를 막내딸처럼 귀하게 키우겠다고 다짐했다던 말. 세상에서 나를 가장 사랑한다던 말. 눈치 보지 않고 당당하게 살라고 했던 말.

나는 어딜 가나 사람들이 "사랑 많이 받고 자란 막내딸이죠?"라고 물었어. 그런 티가 난다고. 학교 가면 행여 할머니가 키우는 티가 날까 봐 나를 살피고 학교 일도 참여하며 늘 적극적으로 나를 키워줬잖아.

내가 아이를 낳았을 때는 산후조리를 1년간 도왔고, 엄마라도 주지 못했을 그 큰 하늘과 같은 사랑을 줘서 정말 정말 고마워.

할머니는 헤어진 엄마 아빠를 이해하라 했지만 나는 할머니의 말 자체가 이해되지 않았었어. 왜 내가 엄마 아빠를 이해해야 하는 건지 답답했어.

그런데 내가 마음의 아픔을 훌훌 털어버리고 행복하길 바라서 한 결정인 걸 최근에 느꼈을 때, 얼마나 울었는지 몰라. 할머니의 그 큰 사랑이 너무나도 놀랍고 고맙고 미안하고 귀해서 눈물이 나고 또 났어. 온 인생을 바쳐 나를 키워줘서 고마워.

할머니 있잖아. 나 할머니한테 하지 못한 말이 있어. 내가 엄마를 찾았다는 이야기를 했을 때 그때 말이야. 나는 할머니가 서운해할 줄 알았어. 그런데 할머니는 그 말을 듣자마자 울며 했던 말이 나의 심장을 녹여줬어.

"고맙다 혜야, 엄마 찾아서 고맙다. 내가 이제 죽어도 여한이 없다." 할머니가 죽고 내가 엄마 없는 삶을 견디기 힘들까 봐 걱정했던 그 마음이, 할머니의 사랑이 고스란히 느껴졌어.

할머니, 정말 앉으나 서나 내가 행복하길 바라고, 나를 귀하게 여기고 살펴주어서 고마워. 그 어떤 할머니도 엄마도 이렇게 사랑해 주기는 힘들었을 거야. 내가 이렇게 멋진 할머니 손에 컸다는 게 정말 감사하고 기뻐. 할머니, 하늘과 같은 사랑으로 나를 덮어줘서 고마워. 과거에도 그랬고 앞으로도 그럴 거고 '엄마의 사랑'이라 한다면 나는 할머니에게 받은 사랑을 떠올릴 거야.

나의 엄마로 살아주어서 고마워. 사랑하는 나의 할머니, 나의 엄마! 그동안 받은 사랑으로 아이를 키우고 사랑하며 살아갈게. 그리고 너무너무 사랑해. 오래오래 건강해 줘.

엄마의 딸 이지혜

엄마, 나야. 엄마 딸 지혜.

엄마, 나는 말이야. 엄마에게 하고 싶은 말이 없는 줄 알았어. 내가 기억하는 순간부터 할머니께서 나의 엄마가 되어주셨으니까. 돌이 지나 헤어졌으니 엄마에 대한 기억이 하나도 없잖아.

그런데 사실 내 마음속엔 엄마에게 하고 싶은 말이 참 많았던 거 같아.

최근에 내가 엄마를 찾아갔을 때 “공주야, 넌 엄마 인생의 축복이었어.”라고 말해줘서 내가 얼마나 귀한 존재인지 느낄 수 있었어. 어떤 삶이었는지, 얼마나 힘들었는지, 엄마의 상처와 세월을 나는 잘 모르지만, 나를 이 세상에 오게 해주고, 공주라고 부르며 귀하게 대해주고, 축복해 줘서 참 많이 고마워.

이제는 그것만 기억할래. 나는 귀한 공주이고 엄마 인생의 축복이었다는 사실만 말이야. 엄마 있잖아. 나는 꿈이 있어. 우리 부부가 행복해서 우리 아이에게 행복한 기억들을 많이 선물하고 싶어. 나에게 사랑만 남겨서 더 많이 사랑하고 살고 싶어.

내가 나의 상처를 뛰어넘어 멋진 엄마로 살아갈게. 매일을 행복하게 기쁘게 사랑하며 살아가는 삶을 선택할게.

그리고 있잖아. 꼭 하고 싶은 말이 있어.

엄마, 이지혜를 이 세상에 태어나게 해줘서 고마워요. 이 멋진 세상에서 멋지게 살게요. 지혜로 살아갈게요. 사랑해. 나의 엄마.

엄마가 준 사랑만큼 나도 그 사랑을
아이들에게 마음껏 표현하는 것 같아~!
이렇게 사랑을 표현할 수 있는 딸로 키워줘서 정말 고맙고, 사랑해.

엄마의 칭찬으로 누구보다 나 자신을 사랑하는 아이로 자란 것 같아
늘 "우리 딸 잘한다"라고 얘기해 준 우리 엄마, 고마워!

"엄마에게 받은 유산은 무엇인가요?"

엄마, 살아있어서 고마워. 엄마의 과거를 넘어줘서 고마워.
엄마가 살아있어서 내가 더 나를 이해하고, 내 삶을 사랑하고,
건강한 엄마가 될 수 있었어. 엄마가 나를 반겨줘서, 공주라고,
엄마 인생의 축복이었다고 말해줘서
내가 얼마나 귀한 존재인지 느낄 수 있었어. 참 많이 고마워.

엄마가 해준 갓 지은 밥처럼, 따뜻한 세상을 꿈꾼다.
따뜻한 밥으로 나를 키워준 엄마 너무 고맙습니다.

엄마, 엄마는 하고 싶은 일을 향해 나아갈 때 가장 빛나요!
어떤 일이든 엄마의 선택을 응원해요.

“아이에게 물려줄 유산은 무엇인가요?”

나도 기쁘게 살 거야. 다른 사람들이 아닌
나 스스로 온전하게 원하는 모습대로 살아갈게.
그런 나의 삶을 엄마의 삶으로 응원해 줄래?
엄마가 기쁘게 산다면, 나에게 큰 힘이 될 거야.
우리 함께 나 자신으로 살아가자.

엄마~ 살면서 처음 하는 말이에요.
세상에 태어나게 해줘서 정말 고마워요.
엄마가 내 엄마라서 너무 좋고, 다음 생에서도 엄마 딸로 태어나고 싶어.

이정숙의 딸 정경선

나에게도 엄마가 있다. 엄마는 나를 사랑했다. 하지만 내가 원하는 사랑의 방법은 아니었다. 그래서 나는 엄마에게 40년 내내 서운하다 말해왔다. 그렇게 엄마의 마음을 모르는 딸이었다. 그런 내가 엄마가 되고 나니 엄마의 사랑이 내가 그토록 찾던 사랑이었다는 것을 이제야 조금은 알게 되었다.

엄마가 준 사랑의 방법은 늘 따뜻한 밥이었다. 너무 당연하고 별것 아니라 생각해왔다.

고등학생 때 엄마가 싸주는 도시락은 기본 3개였다. 등교하면 먹을 간식부터 야간자율학습에 먹을 밥까지 챙겨주셨다. 날이 조금이라도 추워지면 엄마는 밥은 따뜻하게 먹어야 한다며 보온 도시락과 보온 물병을 싸주셨고, 나는 꼼짝없이 입천장이 데일만큼 뜨거운 밥과 대추차를 먹어야 했다. 먹는 것에 크게 의지가 없던 나는 무겁기만 한 도시락과 물병이 너무 버거웠다. 고등학교 친구들은 나의 다양한 반찬 레퍼토리를 지금까지도 부러워하지만, 끼니는 대충 때우면 그만이었던 나에겐 무거운 짐일 뿐이었다.

또 이런 날도 있었다. 혹시라도 딸이 배가 고플까 봐 꾹꾹 눌러 담아줘서 국물이 넘치기도 했다. 그럴 때면 교과서에 국물이 잔뜩 묻어서 엉망이 되었다. 그런 날엔 내가 엄마에게 폭풍 잔소리를 4절까지 하기도 했다. 나는 정말 엄마 마음은 하나도 모르는 사춘기 딸이었다.

지금까지도 엄마의 유별난 밥에 대한 사랑은 이어지고 있다. 나는 엄마 힘드니깐 대충 해. 아니면 사 먹자. 여전히 잔소리를 하고, 엄마는 이게 뭐가 힘드냐며 기어이 밥을 차리신다.

"엄마에게 받은 유산은 무엇인가요?"

이 질문을 받은 나는 '밥이요'라고 대답했다. 내가 그렇게도 싫어하던 밥 말이다.

"우리 엄마는 다른 건 몰라도 밥은 항상 갓 지어 김이 모락모락 나는 밥을 식탁에 올려줬어요."라고 말하며 눈물이 터져 나왔다.

나의 엄마는 가난한 시절에 태어났을 것이다. 그러니 따뜻한 밥 한 그릇은 한 끼 이상의 의미였을 것이다. 김이 모락모락 나는 갓 지은 밥은 어린 시절 엄마가 꿈꾸던 최고의 사랑이었을 것이다. 엄마는 매일 그 사랑을 나에게 주고 싶었을 텐데…… 나는 엄마가 나를 사랑하는 방법을 모른다고 투정만 했다. 부끄러웠고 미안했고 그런 못난 딸을 포기하지 않고 계속 사랑해 줘서 너무 고마웠다.

"아이에게 물려줄 유산은 무엇인가요?"

엄마의 따뜻한 밥을 먹었다는 것을 유산으로 받아들이니 아이에게 주고 싶은 유산이 더 커졌다. 도시락 3개를 싸주는 엄마의 마음처럼 가족이 풍성하게 사랑을 나누고, 혹시나 부족할까 봐 꾹꾹 눌러 담아주는 엄마의 마음처럼 세상을 따뜻하게 만들겠단 꿈을 꾸게 되었다. 이 영화 같은 이야기가 나의 이야기가 되었다.

나는 엄마이자 나로 살기로 했다.

남기고 싶은 이야기

Dear.

사랑하는 나의 딸

너에게 꼭 해주고 싶은 말이 있어.

엄마는 네가 가장 원하는 인생을

살았으면 좋겠어.

《안녕 나의 엄마》 중에서

2장

엄마의 진심

- 엄마가 아이에게 남기고 싶은 말
- 아이가 엄마에게 듣고 싶은 말

#2

엄마의 진심

철학자 레오나드 오르는 이렇게 말한다.

“우리의 의무는 자신을 돌보고 나서 다른 이들에게도 자신을 돌보는 방법을 가르치는 것이다.” 기쁨으로 가득 찬 가슴은 어두운 세상 속에서 환하게 빛을 바라며, 평화를 바라는 사람들의 심령을 밝혀준다. 빛을 보고 싶다면, 당신 스스로 그 빛이 되어보라. 세상을 변하게 하는 첫 단계는 **자기 자신**을 이해하는 것이다.

≪내것이 아니면 모두 버려라≫ 중에서

엄마가 자기 자신을 이해할 때, 가장 놀라운 엄마가 된다. 나를 돌보고, 아이가 스스로 자신을 돌볼 수 있도록 돕고, 어두운 세상에서 빛이 되는 것. 엄마만이 할 수 있는 일이다.

다시 쓰는 엄마의 세계는 엄마가 먼저 가장 살고 싶은 삶을 살고, 엄마가 행복해서 아이도 행복의 길을 스스로 걸을 수 있도록 돕는 것이다. 엄마는 부단히 자신을 읽고 치유하고 나 자신이 되어야 한다.

유산으로 남길 이야기는 바로 엄마 자신이기 때문이다.

≪다시 쓰는 엄마의 세계≫ 중에서

당신이 원하는 인생이 무엇인가요?

아이에게 쓰는 편지

백나윤, 백다은의 엄마 이은주

엄마는 매일매일 기도했어.

"건강한 아이가 태어나게 해주세요." 이 한 가지 소원만 빌었어. 너 자체가 너무 큰 축복이라 다른 것은 바랄 것이 전혀 없었거든. 너를 처음 안았을 때의 감정을 표현할 말을 아직도 찾지 못했어. 그래서 정확하게는 말해줄 수 없어. 행복해, 감동이야, 축복이야. 이런 말로는 부족해. 아마 우리 나윤이가 엄마가 되는 순간이 된다면 그때 나눌 수 있겠지?

처음 나윤이가 엄마라고 불러주었을 때, 오물오물 작은 입으로 밥을 먹을 때, 노래를 불러주었을 때, 꽉 안아줬을 때…… 너의 모든 것이 사랑이고 축복이었어.

엄마는 말이야. 너를 키우면서 그걸 충분히 느끼지 못한 것 같아. 엄마는 엄마가 처음이라 너를 키우며 너무 많은 걱정을 했어. 이렇게 예쁘고, 건강하게 자랐는데 왜 그렇게 걱정을 했을까?

나윤아 엄마는 이제부터 더 행복해질 수 있을 것 같아. 엄마는 너를 믿거든. 엄마가 걱정하지 않아도 너는 충분히 멋져. 엄마는 그저 네 옆에서 너를 응원하며 너의 미래를 행복하게 바라보고 함께할게.

사랑하는 나윤아! 엄마는 말이야 너를 뱃속에 품고 있을 때 세상을 모두 가진 기분이었어. 너를 가진 엄마가 기특하고 멋져 보였거든. 너무 행복했단다.

나윤아 다은아 엄마가 오늘 나무 그림을 하나 봤어. 그 나무는 매우 컸고 편안해 보였어. 그 그림을 보며 너희도 나무처럼 푸르고 자유롭게 커갔으면 좋겠다는 생각을 했어. 아마도 그 나무는 해를 충분히 받아 따스하겠지? 맛있는 열매도 맺고 여러 종류의 새들도 놀러 올 거야. 그 그림처럼 편안하고 푸르른 나무 같은 사람이 되렴.

나윤아, 다은아 이 세상 모든 것을 다 합해도 모자랄 만큼 사랑해. 얘들아 엄마의 마음에는 똑같은 크기의 아주아주 커다란 방이 두 개 있단다. 한쪽엔 나윤이 다른 한쪽엔 다은이가 꽉 들어와서 엄마 마음은 언제나 든든해. 우리 언제나 사랑하며 살자.

엄마가 정말 많이 사랑해.

엄마가 아이에게 남기고 싶은 말

- 아이와 만난 첫 순간과 지금 이 순간과 10년 뒤를 그려봅니다.

안휘승의 엄마 배현주

과거

'기적'이라는 말은 이럴 때 쓰라고 있는 것 같아.

아빠를 떠나보내고 나서

네가 엄마에게 찾아온 사실을 알았을 때.

세상에서 가장 행복해야 할 시간을

말로 다 표현할 수 없을 정도로 힘들게 보냈지만

네가 있었기에 버틸 수 있었어.

혹여나 네가 잘못될까 봐

얼마나 마음 졸였는지 몰라.

무사히 태어나 주기만을 기도했지.

휘승이가 세상에 나와서

엄마 가슴에 올려졌을 때

믿기지가 않았어.

'한 번도 본 적 없는 존재가 나와 눈을 맞추다니.'

꼬물거리는 손가락도 참 신기했지.

가장 기뻤던 때

외출 후 집에 들어갔는데
네가 현관문 열리는 소리를 듣고
"엄마" 하면서 달려왔던 때가 가장 기뻤어.
18개월 아기의 아주 귀여운 발음으로 말이야.
누군가가 나를 이렇게 반겨준다는 게
얼마 만에 느껴 보는 행복인지 몰라.

가장 감격했던 너의 말

"휘승아 추워?"
라고 물었을 때
"추웨이"
라고 따라 했을 때 놀랬지. (중국 말인 줄 ^^)
"엄마", "아기", "시아"
요런 쉬운 단어만 따라 하다가
처음으로 어려운 발음을 해서 너무 신기했어.
하루하루가 다르게 성장하는 휘승이를 보며
엄마는 오늘도 힘을 얻고 있지!

현재

엄마가 너에게 가장 바라는 것은…… 아빠와 엄마가 그랬던 것처럼 항상 대화를 통해 다름을 인정할 수 있는 사람이 되었으면 좋겠어.

엄마는 어렸을 적에 김해 할아버지한테 "과일을 살 땐 상점에서 사라."고 배워 왔어. 반대로 아빠는 서울 할아버지한테 "상점 말고 길가에서 파는 할머니에게 사라."고 배웠다고 하더라. 아빠도 엄마도 각자의 아버지가 가진 방향과 생각을 그대로 흡수했었을 거야.

하지만, 우리는 대화를 통해 각자의 생각이 절대적인 것도 아니고, 옳고 그른 문제가 아님을 깨달았지. '그렇게 생각할 수도 있구나.'를 느꼈던 거야.

참 많은 의견 대립이 있었지만, 점점 우리는 가운데 한 지점으로 수렴해 갔어. 대화 덕분이었지. 처음에는 너무 안 맞는다고 생각했지만 다양한 생각을 들어볼 수 있어서 좋았던 것 같아. 그 시간을 통해 생각의 폭, 다름을 받아들일 수 있는 마음이 넓어졌다고 확신해.

다르다는 건 불편한 게 아니라 오히려 성장의 기회가 될 수 있음을 명심하고, 항상 대화를 해 보자!

미래

너는 엄마에게 '사는 이유' 그 자체야.

휘승이 덕분에 엄마가 살고 있어. 정말로.

근데, 엄마는 휘승이가 엄마를 위해 살지는 않았으면 해.

휘승이 스스로를 위해 살고, 휘승이가 하고 싶은 거 다 하고 살았으면 해.

과거

사랑하는 나의 다경아 네가 엄마를 찾아왔다는 걸 알았을 때 너무 놀랐고, 많이 기뻤어. 온 가족이 너를 너무나 기다렸는데 잘 만나지지 않아 참 오랫동안 속을 많이 끓였거든. 결국 네가 찾아왔다는 걸 알고는 너를 엄마 뱃속에서 잘 지키기 위해 무엇이든 다 하겠다 다짐했어. 열 달 내내 입덧으로 너무 힘들었지만, 네가 뱃속에 건강히 잘 있다는 신호라 생각하며 견뎌냈던 것 같아. 한순간도 너를 생각하지 않은 순간이 없는 열 달을 보냈어.

그리고 드디어 너를 처음 안았을 때 엄마는 솔직히 너무 무서웠어. 너무나도 작았던 너를, 너무 소중한 너를 어떻게 키워야 할지…… 걱정 많은 엄마는 책은 많이 읽었지만, 다경이의 엄마가 되는 방법은 배운 적이 없었기에 걱정됐어. 분명 예쁘고 또 예뻤을 너를 온전히 사랑만 하면 됐을 텐데. 엄마는 너를 어떻게 키울지 걱정하느라 조리원에서 가장 예쁜 신생아였던 너의 존재를 고스란히 보지 못했어. 너무 미안해.

그렇게 서툰 초보 엄마는 너를 낳고 키우는 게 유난히 힘들었단다. 몸도 마음도 너무 지쳤던 어느 날 재운다고 널 안았는데 돌도 안된 네가 가만히 엄마 등을 토닥여 주는 거야. 엄마는 그 순간 너무나 큰 위로를 받았어. 네가 온 마음을 다해 '엄마 사랑해요. 고마워요.'라고 말해주는 것 같아. 한참을 울었어.

이렇게 편지를 쓰다 보니, 정말 너희를 키우는 모든 순간이 다 엄마에겐 기쁨이었단 것이 이젠 보인단다. 비위가 약해 똥귀저귀를 쳐다도 못 보던 나는 어느 순간 너의 쾌변 소식이 나의 쾌변보다 더 신나는 엄마가 되었고, 징징거리는 소리에 유난히 민감하던 나는 고집이 생기는 너를 '우리 다경이가 이제 아기가 아닌 아이가 되는구나. 대견하다.'라고 생각하는 기특한 엄마가 되었어. 물론 힘들고 지치는 순간도 있었지만 그럼에도 너희랑 함께 성장하며 엄마로 사는 모든 시간이 큰 기쁨이란다.

현재

엄마는 매일 아침 따뜻하고 기분 좋은 식탁에서 웃으며 하루를 시작하고 싶어. 그 안에 우리 가족 네 명이 항상 함께할 수 있다면 매일 얼마나 행복하고 기쁠까. 그런 따뜻한 엄마의 식탁으로 너희를 초대할게. 우리 매일 기쁜 하루를 함께 시작하자.

엄마는 네가 지금 이 모습 그대로 자랐으면 좋겠어. 예전엔 바라는 게 천 가지도 넘었는데 지금 다시 보니 다경이는 얼마나 귀엽고, 지원이는 어찌나 예쁜지…… 엄마가 정말 완벽한 아이 둘을 낳았더라. 더도 말고 덜도 말고 딱 지금 아이다운 반짝반짝한 모습을 잃지 말고 자랐으면 좋겠어.

그래서 네가 열여덟 살이 되었을 때에도 서로가 필요할 때, 보고 싶을 때 언제든지 문을 열고 들어가서 이야기 나누고, 위로해주고, 함께 기뻐할 수 있는 엄마와 딸들이 되었으면 좋겠단다. 우리의 사춘기와 갱년기가 평화롭게 공존할 날이 벌써부터 기대되는구나.

미래

다경이와 지원이는 엄마를 다시 나로 살게 해준 선물 같은 존재야. 다경이를 만나고 엄마의 아집이 깨어졌고, 지원이를 만나고는 진짜 관계의 소중함을 알게 되었어. 두 천사가 아니었다면 과연 엄마가 용기 내어 변할 수 있었을까? 너희의 엄마가 되어서 진짜 나로 살 수 있게 되었어. 진심으로 고마워.

이 세상을 다 팔아서라도 지키고픈 소중한 나의 딸 다경아, 지원아. 수많은 엄마 중에서 나에게 와줘서 고마워. 너희들이 내 딸이라서 엄마는 정말 너무 좋다.

엄마는 항상 너희를 믿고 응원한단다. 그러니 살면서 하게 될 수많은 선택의 순간에서 그 어떤 두려움도 가지지 말고, 흔들리지 말고, 너희가 하고 싶은 것을 하고, 꿈꾸는 삶을 살았으면 해.

엄마의 목숨처럼 소중한 다경아, 지원아, 잘 기억하렴. 엄마는 항상 다경이랑 지원이를 믿어. 엄마는 그 어떤 순간에도 네 편이니 가슴 쫙 펴고 당당하게 너로 살았으면 좋겠어.

너에게 가장 하고 싶은 말

엄마 딸이라서 고마워.

우리 반짝반짝 빛나게 살자.

너에게 가장 듣고 싶은 말

엄마 딸이라서 너무 행복해.

잘 키워줘서 고마워.

아이가 엄마에게 듣고 싶은 말을 5가지의 질문을 통해 남겨보세요.

<과거>

1. 너를 뱃속에 품고 있을 때는 (가장 바랐던 것, 기도했던 것)

2. 너를 처음 안았을 때는 (느낌, 마음, 생각)

3. 너를 키우면서 가장 기뻤던 때는

4. 네가 한 말 중에 가장 감격했던 말은

5. 너를 만나고 새롭게 알게 된 기쁨은

이서후, 이서인, 이서진 의 엄마 오지민

둘째 서인이에게

너를 뱃속에 품고 있을 때는 (가장 바랐던 것, 기도했던 것)

엄마가 서후 언니를 키우며, 또 공항에서 일을 하며 새벽 출근, 저녁 퇴근의 시간을 뱃속 작은 주머니에 서인이를 넣어 다니며 함께 보냈지. 그땐 너무 피곤해서 우리 서인이도 그 안에서 힘이 들까 봐 걱정을 많이 했단다. 40주가 될 때까지 우리 서인이 몸무게가 2.3kg이라서 엄마 뱃속이 불편한가 싶어 많이 미안했었어. 그래서 네가 정말 건강하게 태어나기만을 기도하고 바랬었어. 마지막까지 힘을 내서 건강한 모습으로 태어나줘서 고마워. 서인아 넌 엄마에게 찾아온 기적이야.

너를 처음 안았을 때는 (느낌 기분 감정)

마지막 태동 검사까지도 2.5kg이라서 걱정했는데 우리 서인이가 엄마 뱃속에서 나올 때에는 2.7kg으로 건강하게 태어나서 의사선생님도 놀라셨어. 가족 분만실에서 아빠와 함께 네가 태어나기만을 기다렸어. 뱃속에서 네가 나오자마자 아빠가 따뜻한 물로 너를 씻긴 후, 건강하게 태어난 너를 보는 순간, 엄마랑 아빠는 눈물이 나더라. 작고 가느다란 너의 몸을 보며 기저귀 갈면서도 조심조심, 안으면서도 조심조심했었어. 우리 가족에게 축복이고 기적인 너를 안은 2012년 10월 31일은 지금도 아빠가 너의 결혼식 축가로 직접 불러주겠다는 10월 어느 멋진 날이었어.

너를 키우면서 가장 기뻤던 때는
네가 한 말 중에 가장 감격했던 말은

우리 서인이는 늘 잘 웃고 참 맑은 아이란다. 자면서까지도 잘 웃는 순둥이였어. 순간순간 너를 보면 벅차고 기뻐서 엄마는 가장 기쁜 순간을 하나만 뽑기는 어려웠지만, 서인이가 엄마와 둘이서

차를 타고 가다가 활짝 웃으며 이야기하던 7살, 아직도 엄마에게 잊히지 않는 멈춰진 한 장면이 있어.

서인이가 둘째라 언니와 동생 사이에서 엄마의 사랑이 부족하다고 느낄까 내심 엄마가 걱정한 적도 많았는데,

둘만이 있는 차 안에서 너는

"엄마~~ 이제 크게 말해도 돼. 언니랑 서진이 없으니 서인이 제일 사랑한다고 크게 말해도 괜찮아."

"이서인~~ 너무 사랑해."

엄마도 목청껏 사랑 고백에 힘을 실었고, 그런 엄마를 바라보는 너의 흐뭇한 그 미소. 그동안 말없이 그저 기다렸을 너의 모습과 엄마의 사랑을 예쁜 마음으로 간직하고 있는 너를 바라보는데, 너무 기쁘고 행복했었단다.

너를 만나고 새롭게 알게 된 기쁨은

매사의 작은 것에도 감사하고 늘 긍정적으로, 기쁨으로 새로움을 받아들이는 너를 보며 엄마는 삶을 배운단다.

엄마에게 부족한 감정인데 서인이를 통해 엄마에게 빛처럼 비추어지는 기쁨과 긍정의 양분이 엄마를 또 성장시키고 있어. 너는 큰 선물이고, 기적이야.

둘만이 있는 차 안에서 너는

“엄마~~ 이제 크게 말해도 돼.

서인이 제일 사랑한다고

크게 말해도 괜찮아.”

"이서인~~

너무 사랑해"

"너는 엄마한테 온

큰 선물이고

기적이야"

아이와 함께 꿈꾸는 10년 뒤를 5가지의 질문을 통해 만나봅니다.

<미래>

1. 엄마가 너와 함께 가장 하고 싶은 것은
2. 엄마가 너에게 가장 바라는 것은
3. 네가 열여덟 살이 되었을 때 엄마가 바라는 우리의 관계는
4. 네 덕분에 엄마는 (이렇게) 성장할 수 있었어
5. 네가 살면서 꼭 기억했으면 하는 한 가지는

엄마가 너와 함께 가장 하고 싶은 것은

지금처럼 너와 많은 이야기를 나누는 것.

엄마가 너에게 가장 바라는 것은

너무 예쁜 마음으로 건강한 생각을 하며 잘 크고 있는 너에게 더 바란다면 엄마는 정말 욕심쟁이야.

너의 그 순수하고 따뜻한 마음이 잘 여물어 가도록 엄마도 사랑을 가득 담아 너를 기다려주고 믿으며 같이 성장할게.

네가 열여덟 살이 되었을 때 엄마가 바라는 우리의 관계는

생각만 해도 설레는 너의 열여덟.

엄마가 그려보는 너는 밝고 씩씩한 빨강 머리 앤 같은 감성의 소유자야. 그 모습 그대로 지금보다 성숙한 외모로, 넌 엄마의 가장 친한 친구가 되어있을 것 같아.

네 덕분에 엄마는 (이렇게) 성장할 수 있었어

우리 세 명의 멋진 딸들(서후, 서인, 서진) 덕분에 엄마는 더 멋진 엄마, 지혜로운 엄마, 성장하는 여성이 되고 싶어졌어.

종교가 없는 엄마지만 너희들로 인해 엄마는 신이 나를 사랑하고 있구나, 세상이 나를 중심으로 돌아가는구나! 라는 큰 힘을 얻게 된 계기가 되었어.

엄마가 되지 않았더라면 그 설레고 멋진 진리를 과연 엄마가 살면서 알아 갈 수 있었을까? 하는 생각이 들어.

네가 살면서 꼭 기억했으면 하는 한 가지는

너는 축복이고 세상에서 하나뿐인 이서인이야.

엄마의 자부심이고 너는 너로서 이미 완벽한 존재야.

담대한 너로, 자신을 아끼고 사랑하며 살길 바라.

85세에 하늘나라로 돌아간 미국 켄터키 주의 한 노인이 쓴 시 <내가 인생을 다시 산다면>을 소개하고 싶다. '내가 다시 인생을 산다면' 하고 아쉬움을 담아 말하지 않을 수 있도록, 가슴 뛰는 그 일을, 살고 싶었던 그 삶을, 나를 감격시킬 수 있는 그 일을 지금 찾으라는 말과 함께……

내가 인생을 다시 산다면
다음번에는 더 많은 실수를 저지르고
긴장을 풀고 몸을 부드럽게 하리라.

내가 만약 인생을 다시 살 수만 있다면
지난번 살았던 인생보다 좀더 우둔해지며
가능한 한 심각해지지 않고
더욱 즐거운 기회를 잡으리라.

여행도 더 자주 다니고
혼자서 석양을 더 오래도록 바라보리라.

산에도 더 자주 가고
강에서 수영도 해야지.
아이스크림도 많이 먹고

먹고 싶은 것은 참지 않고 먹으리라.

그리고 이루어지지도 않는 과거와 미래의
상상 속 고통은 가능한 한 피하리라.

내가 인생을 다시 산다면
나는 한 순간 한 순간, 하루하루를 깨어 있으리라.

아! 나는 지금까지 많은 순간들을 맞이했지만
그러나 내가 인생을 다시 살 수만 있다면
의미 있고 중요하며 깨어 있는 순간들 외엔
의미 없는 순간은 갖지 않으리라.

그리고 아주 간단한 복장을 하고 자주 여행길에 오르리라.
춤추는 장소에 자주 가고
회전목마도 자주 타리라.

이것이 진리의 길이다. 가슴이 살아있고, 사랑의 심장이 뛰는 삶 말이다. 우리의 삶에 문제가 있었던 것은 가슴으로 살지 못했기 때문이다. 사랑으로 살지 못했기 때문이다. 끝까지 사랑을 선택할 때에만 인생은 승리할 수 있다. 우리는 이 세상에 사랑을 경험하러 왔기 때문이다.

《오제은 교수의 자기 사랑 노트》 중에서

아이와 함께 하는 지금 이 순간을 5가지의 질문을 통해 만나봅니다.

<현재>

1. 너는 엄마에게 ○○한 존재야

2. 너에게 가장 감사한 것은

3. 너에게 가장 미안한 것은

4. 지금 이 순간 너에게 가장 하고 싶은 말은

5. 지금 이 순간 너에게 가장 듣고 싶은 말은

너는 엄마에게 ○○한 존재야, 너에게 가장 감사한 것은

우리 서인아.

너는 엄마에게 가장 귀하게 찾아온 선물 같은 사람이야.

너는 엄마에게 언제나 기쁨이고 감사야.

너에게 가장 미안한 것은

엄마의 부족함도 서툶도 다 이해해 주고 무조건적인 사랑을 보내주는 너인데…… 엄마는 너는 괜찮을 거라고, 너는 엄마를 더 이해해 줄 거라는 이기적인 생각으로 불쑥불쑥 올라오는 나쁜 감정을 너에게 던진 적이 있었어. 미안해……. 엄마도 엄마로서 커가는 과정 속에 있는가 봐. 그래서 서툰가 봐.

지금 이 순간 너에게 가장 하고 싶은 말은

사랑하는 서인아 엄마의 딸로 태어나줘서 고마워.

지금 이 순간 너에게 가장 듣고 싶은 말은

우리 딸도 엄마가 너의 엄마가 되어준 것에 행복하다고 말해 준다면 엄마는 더없이 행복할 것 같아.

엄마가 아이에게 남기고 싶은 말
아이가 엄마에게 듣고 싶은 말을 적어보세요.

<과거>

#1 너를 뱃속에 품고 있을 때는 (가장 바랐던 것, 기도했던 것)

#2 너를 처음 안았을 때는 (느낌 기분 감정)

#3 너를 키우면서 가장 기뻤던 때는

#4 네가 한 말 중에 가장 감격했던 말은

#5 너를 만나고 새롭게 알게 된 기쁨은

<미래>

#1 엄마가 너와 함께 가장 하고 싶은 것은

#2 엄마가 너에게 가장 바라는 것은

#3 네가 열여덟 살이 되었을 때 엄마가 바라는 우리의 관계는

#4 네 덕분에 엄마는 (이렇게) 성장할 수 있었어

#5 네가 살면서 꼭 기억했으면 하는 한 가지는

<현재>

#1 너는 엄마에게 ○○한 존재야

#2 너에게 가장 감사한 것은

#3 너에게 가장 미안한 것은

#4 지금 이 순간 너에게 가장 하고 싶은 말은

#5 지금 이 순간 너에게 가장 듣고 싶은 말은

다음 페이지부터

나의 아이를 떠올리며 읽어보세요.

신연서의 엄마 정효경

너를 뱃속에 품고 있을 때는 (가장 바랐던 것, 기도했던 것)

연서야 엄마는 연서가 엄마 뱃속에 있을 때 건강하게만 태어났으면 하고 기도했어. 건강하고 부디 엄마와 같은 삶을 살지는 않도록 따듯한 엄마가 되어야지 하고 바랐단다.

너를 처음 안았을 때는 (느낌 기분 감정)

놀라움, 환희, 벅차오름

너를 키우면서 가장 기뻤던 때는

부족한 엄마와 함께 자라면서도 엄마의 그늘을 벗어나 연서의 타고난 그릇으로 성장하는 순간들을 봤을 때 엄마는 기뻤어.

네가 한 말 중에 가장 감격했던 말은

'엄마 아프지 마. 오래오래 살아.'

'왜?'

'많이 많이 너무너무 사랑하니까 그렇지.'

너를 만나고 새롭게 알게 된 기쁨은

이 세상에 나 혼자만은 아니었구나. 내게도 기적 같은 선물로 온 너와 내가 한 발자국만 걸어가면 손잡아 줄 수 있는 사람들이 있구나 하는 커다란 기쁨.

엄마가 너와 함께 가장 하고 싶은 것은

삶을 함께 나누고 싶어.

엄마가 너에게 가장 바라는 것은

일상에서 누릴 수 있는 행복과 감사함을 알기를.

네 덕분에 엄마는 (이렇게) 성장할 수 있었어

너를 만나고 엄마의 삶은 180도 바뀌었어. 그동안은 거짓된 모습으로 살아왔다면, 너를 만나고 나서는 진정한 엄마의 모습을 찾기 시작했단다.

네가 살면서 꼭 기억했으면 하는 한 가지는

너는 엄마에게 세상에서 가장 소중하고 빛나는 존재라는 것.

너에게 가장 미안한 것과 가장 감사한 것은

엄마가 너의 엄마여서 미안해.

엄마 딸로 태어나줘서 고마워.

양준영의 엄마 김정은

너를 뱃속에 품고 있을 때는 (가장 바랐던 것, 기도했던 것)

행복하고 밝은 아이가 되기를 두 손 모아 기도했어.

너를 처음 안았을 때는 (느낌 기분 감정)

처음 널 내 품에 안았을 때는

마치 꿈을 꾸고 있는 것 같았고

신이 주신 기적이 나에게도 일어났구나

진짜 신이 존재하는구나! 라고 생각했어.

너를 키우면서 가장 기뻤던 때는

나를 보며 방긋방긋 웃어주는 너의 미소에

엄마는 세상을 다 가진 것처럼 행복했어.

네가 한 말 중에 가장 감격했던 말은

"엄마 내가 있잖아." 라는 말을 할 줄 아는 멋진 아들로 자라줘서 든든하고 고마워.

너를 만나고 새롭게 알게 된 기쁨은

세상을 환하게 밝혀주는 힘은

가장 가까운 곳에 있다는 것을 느꼈어.

엄마가 너와 함께 가장 하고 싶은 것은

엄마가 학창 시절에 유행했던 교환일기를 너와 쓰고 싶어. 한 권에 두 사람의 추억과 기쁨, 슬픔 모든 감정이 다 담겨 있으니까. 먼 훗날 같이 보면서 추억 여행을 함께 하고 싶어.

엄마가 너에게 가장 바라는 것은

건강하고 밝은 아이가 되기를…….

네가 열여덟 살이 되었을 때 엄마가 바라는 우리의 관계는

지금처럼 친구 같은 엄마와 아들이었으면 좋겠어. 엄마는 매일 밤 너와 나란히 누워 나누는 대화 시간이 제일 행복해.

서로의 하루를 궁금해하고 점심은 맛있었는지 물어볼 거야. 그런 소소한 것들을 나눌 거야. 기쁜 일은 같이 웃어주고 슬픈 일은 위로해 주는 나의 준영아. 엄마에게 큰 힘이 되어줘서 정말 고마워. 네가 18살이 되어서도 지금의 우리처럼 친구같이 잘 지냈으면 좋겠어.

네 덕분에 엄마는 (이렇게) 성장할 수 있었어

네가 씩씩하게 커가는 모습에 엄마의 마음도 성장할 수 있었어.

네가 살면서 꼭 기억했으면 하는 한 가지는

진실은 통한다는 거야.

너는 엄마에게 ○○한 존재야

연예인 같은 존재야.

엄마를 기쁘게 해주고 멋지고 사랑스럽고

보면 볼수록 매력적인 나만의 연예인!

너에게 가장 감사한 것은

엄마에게 와줘서 고마워.

너에게 가장 미안한 것은

엄마는 완벽한 엄마가 되고 싶어.

너를 사랑하니까 다 해주고 싶어. 그런데 엄마도 엄마가 처음이라

모든 것이 서툴러서 참 미안해.

지금 이 순간 너에게 가장 하고 싶은 말은

정말 많이 사랑해♡

지금 이 순간 너에게 가장 듣고 싶은 말은

엄마 괜찮아. 충분히 잘 하고 있어. 엄마가 내 엄마라서 너무너무 너무 좋아. 행복해.

엄마도 처음이라

모든 것이 서툴러서 참 미안해.

엄마 괜찮아. 충분히 잘 하고 있어.

엄마가 내 엄마라서

너무너무너무 좋아. 행복해.

임하린, 임예린의 엄마 황다영

너를 뱃속에 품고 있을 때는 (가장 바랐던 것, 기도했던 것)

무사히 우리가 만날 수 있기를, 내 아픈 구석은 닮지 않기를, 아빠를 많이 닮기를.

너를 처음 안았을 때는 (느낌 기분 감정)

너무 작고 소중한 내 아기. 얼마나 예쁘고 사랑스럽던지. 너를 처음 안았을 때 세상을 다 가진 것 같다는 말이 무슨 말인지 알 수 있었어. 아빠랑 같이 얼마나 펑펑 울었던지, 정말 감사한 마음이 가득했어. 우리에게 와줘서, 엄마, 아빠 딸로 태어나줘서 고마운 마음이었어.

너를 키우면서 가장 기뻤던 때는

매일매일 엄마를 보고 환하게 웃어주는 널 볼 때, 잠든 너의 모습을 볼 때, 내 손을 잡으며 따뜻하다고 꼬옥 잡을 때, 너를 안고 있을 때, 나를 안아줄 때, '엄마 사랑해요.'라고 말해줄 때.

네가 한 말 중에 가장 감격했던 말은

엄마가 세상에서 제일 좋아요. 공주들보다도 나는 엄마가 더 많이 좋아요. 엄마 손이 제일 따뜻해요. 고마워요 엄마. 사랑해요 엄마.

너를 만나고 새롭게 알게 된 기쁨은

따뜻함이야. 넌 엄마에게 그저 빛이야. 넌 그저 사랑이야.

넌 그저 내게 기쁨이고 나의 우주 그 자체야.

너를 만나서 엄마는 '행복'을 알게 되었어.

엄마가 너와 함께 가장 하고 싶은 것은

네가 엄마를 떠올렸을 때,

엄마는 나를 이해해 주는 사람이길 바라.

엄마가 너에게 가장 바라는 것은

가끔 둘만의 데이트를 하며 소소한 추억을 쌓고 함께 하는 것이 즐겁기를 바라.

네가 열여덟 살이 되었을 때 엄마가 바라는 우리의 관계는

스스럼없이 남자친구 이야기도 할 수 있는 그런 친구이자 너를 지지하는 사람이기를.

네 덕분에 엄마는 (이렇게) 성장할 수 있었어

너를 만나기 전과 후의 엄마 삶이 달라졌어. 지금도 여전히 너는 엄마를 성장시키는 아주 중요한 사람이란다. 널 만나고 나서 엄마는 나의 엄마(외할머니)를 더 이해할 수 있게 되었어. 그리고 엄마의 마음이 가득 채워졌어. 고마워.

네가 살면서 꼭 기억했으면 하는 한 가지는

엄마가 항상 네 옆에 있다는 것. 너의 가장 친한 친구이자 너의 가장 큰 조력자이자 너의 상담사이자 너의 집이란다. 네가 필요할 때 곁에 있어 주는 사람이 엄마가 될 거야.

네가 마음껏 세상으로 나갈 수 있게 안내해 주고, 너의 잠재력과 고유함이 빛을 발할 수 있도록 너의 뒤를 지켜주는 사람이 엄마가 되도록 노력할게. 늘 기억해 줘.

너는 엄마에게 ○○한 존재야

내 영혼의 일부분이야. 세상 무엇과도 비교할 수 없고, 바꿀 수 없는 신비한 존재야.

너에게 가장 감사한 것은

부족한 엄마였을 텐데 믿어줘서 고마워. ‘엄마’라는 이유만으로 전적으로 안아주고 사랑해 줘서 고마워. 오히려 내가 너에게 더 받은 것이 더 많아.

너에게 가장 미안한 것은

네가 상처받은 얼굴을 할 때가 잊히지 않아. 혼내지 말고 잘 이야기해 줄걸. 엄마도 초보 엄마라서 서투르게 너를 대했던 적이 참 많이 미안해. 너의 감정과 마음을 더 잘 알아주고 싶었는데 그러지 못했던 것 같아서 미안해.

지금 이 순간 너에게 가장 하고 싶은 말은

엄마는 매 순간 최선을 다하고 노력했어. 할 수 있는 만큼 정말 열심히 했단다. 하지만 너에게는 부족하다고 느꼈던 적도 서운하고 답답하다고 느꼈던 적도 있겠지? 엄마도 '엄마'가 처음이라 그랬어. 너를 만나서 처음 부모가 되고, 엄마가 되어서 그랬어. 서툴기도 하고 어렵기도 했단다. 그렇지만 항상 너를 사랑하고 곁에 네가 있다는 것에 감사하단다.

지금 이 순간 너에게 가장 듣고 싶은 말은

엄마, 내 엄마가 되어주어서 고마워요. 엄마가 내 엄마라서 좋아요. 다행이에요. 엄마가 나를 얼마나 많이 사랑하는지 알아요. 나도 엄마를 많이 사랑해요. 나는 엄마를 생각하면 기분이 좋아요. 따뜻해요. 엄마는 내 편이 되어줘요. 내가 의지할 수 있어요.

너를 뱃속에 품고 있을 때는 (가장 바랐던 것, 기도했던 것)

네가 건강하기를 기도했어. 엄마와 함께 있는 열 달을 무사히 보내고 너를 만나기를 기다렸단다. 엄마가 사랑하는 아빠를 닮은 네가 무척이나 궁금했어. 그리고 네가 원하는 것은 무엇이든 다 도울 것이라고 다짐했지.

너를 처음 안았을 때는 (느낌 기분 감정)

기뻐서 눈물이 흘렀어. 귀하고 아름다운 너를 만날 수 있음에 감사했단다. 엄마 곁에 와주어서, 그리고 엄마의 딸로 널 만날 수 있어서 감사했단다. 그리고 네가 건강하게, 그리고 웃으며 클 수 있게 돕기로 다짐했어.

너를 키우면서 가장 기뻤던 때는

너를 키우면서 가장 기뻤던 때로 한순간을 꼽기가 어려워. 그저 매일 너와 눈을 마주치며 일어나는 아침, 잠들기 전 너를 안고 하루의 행복한 순간을 이야기 나눌 때가 엄마는 늘 기쁘단다.

네가 한 말 중에 가장 감격했던 말은

엄마에게 사랑한다고 이야기할 때, 아빠를 사랑한다고 이야기할 때, 그리고 너 자신을 사랑한다고 말할 때, 엄마는 감격했어. 무엇보다 너 자신을 있는 그대로 사랑하는 너를 만나는 매 순간 엄마는 너에게 감격한단다.

너를 만나고 새롭게 알게 된 기쁨은

엄마는 말이야. 너를 만나고 나서, 하루하루가 얼마나 귀한지, 소중한 지 다시 한번 깨달았어. 사랑하는 사람과 함께 할 수 있다는 것, 서로의 눈을 마주하고 서로의 이야기를 귀 기울여 듣는 매 순간이 얼마나 기쁜지 깨달았단다.

엄마가 너와 함께 가장 하고 싶은 것은

엄마가 너와 함께 가장 하고 싶은 것은 네가 좋아하는 것을 온전히 함께 즐기는 거야. TV를 보면서도 엄마가 옆에 있어주기를 바라는 너에게 오늘도 가만히 옆에 있어주지 못했던 게 많이 속상했어. 온전히 둘이서 함께 시간을 보내자. 사랑해.

엄마가 너에게 가장 바라는 것은

엄마가 너에게 가장 바라는 것은 네 앞에 주어진 모든 것을 누리면서 만끽하면서 사는 거야. 너 자신을 믿고 너만의 걸음을 차근차근 걸어가길 바라. 언제나 든든하게 네 뒤에 있어줄게. 오로지 너의 삶을 온전하게 만끽하길 바라.

네가 열여덟 살이 되었을 때 엄마가 바라는 우리의 관계는

엄마는 네가 열여덟 살이 되었을 때, 너에게 든든한 한 명의 단짝 친구가 되어주고 싶어. 서로의 마음을 나누고 사랑하며 있는 그대로의 너를 존중하고 믿는 친구 말이야. 힘들 때도 기쁠 때도 함께하는 관계가 되길 바라.

네 덕분에 엄마는 (이렇게) 성장할 수 있었어

지아가 엄마의 딸로 와주었기 때문에 엄마는 엄마로 살게 되었지만 더불어 엄마이자 나 양정화로도 살게 되었어. 엄마가 잊고 있었던 꿈을 찾게 해주고, 엄마가 진짜 하고 싶은 일을 고민하게 되었어. 넌 엄마에게 엄마의 삶을 찾게 해준 귀한 존재야.

네가 살면서 꼭 기억했으면 하는 한 가지는

지아야, 네가 살면서 꼭 기억했으면 하는 한 가지는 네가 원하는 삶을 만끽해도 된다는 거야. 네 가슴의 소리에 맞추어 네가 즐거워하는 춤을 마음껏 추렴. 엄마는 또 엄마의 소리에 맞추어 엄마의 춤을 출게. 우리의 삶이 무대라 생각하며 마음껏 누리자.

너는 엄마에게 ○○한 존재야

너는 엄마에게 기적이야. 네가 엄마에게 와주어서 엄마는 엄마가 될 수 있었고, 온전한 나 자신으로의 삶을 찾게 되었단다. 그리고 너에게 물려주고 싶은 세상을 꿈꾸게 되었지. 우리 서로가 원하는 삶을 누리며 살자.

너에게 가장 감사한 것은

엄마가 너에게 가장 감사한 것은 온몸으로 너를 드러내는 모든 순간이야. 부족한 엄마를 사랑한다고 온몸으로 말하는 너를 보며 엄마가 많이 배워. 너에게 엄마도 표현하는 용기를 배우고 있어. 앞으로도 너를 마음껏 드러내어 주렴.

너에게 가장 미안한 것은

엄마가 너에게 가장 미안한 것은 너에게 엄마가 좋은 엄마인지 확신할 수 없는 순간들이야. 너를 사랑하지만 때로는 고민하는 엄마의 모습을 만나기 때문이야. 너를 더 많이 바라보고 들어주는 엄마가 될게.

지금 이 순간 너에게 가장 하고 싶은 말은

지금 이 순간 너에게 가장 하고 싶은 말은 네가 엄마 딸이라서 참 다행이야 라는 말이야. 엄마는 표현하는 게 조금 서툴거든.

지아야, 너의 마음을, 네 존재를 얼마든지 드러내도 좋아. 엄마도 엄마가 처음이라 서툴 때도 있겠지. 그래도 네 마음을 엄마에게 잘 알려주면 좋겠어. 네가 진짜 너로 살 수 있도록 엄마가 힘껏 도울게.

지금 이 순간 너에게 가장 듣고 싶은 말은

지금 이 순간 너에게 가장 듣고 싶은 말은, 엄마가 내 엄마라서 기뻐요 라는 말이야. 오직 하나뿐인 내 딸을 위해 최선을 다할게. 엄마가 무엇이든 줄게. 그러면 언젠가 네게서 그 말을 들을 수 있지 않을까? 사랑해.

지아야, 네가 살면서
꼭 기억했으면 하는 한 가지는
네가 원하는 삶을
만끽해도 된다는 거야.
네 가슴의 소리에 맞추어
네가 즐거워하는 춤을 마음껏 추렴
엄마는 또 엄마의 소리에 맞추어
엄마의 춤을 출게.
우리의 삶이
무대라 생각하며
마음껏 누리자.

너를 뱃속에 품고 있을 때는 (가장 바랐던 것, 기도했던 것)

너를 뱃속에 품고 있을 때

건강하게만 자랐으면 좋겠다고 생각했어.

너를 처음 안았을 때는 (느낌 기분 감정)

너를 처음 안았을 때 무언가 모르게 벅차올랐어.

너를 키우면서 가장 기뻤던 때는

매일매일 웃는 얼굴로 엄마 얼굴 그려주며 “엄마 이거 엄마야” 하며 말할 때야. (엄마보다 더 이쁘게 그려줘서 너무너무 고마워)

네가 한 말 중에 가장 감격했던 말은

엄마가 세상에서 제일 이뻐!

엄마가 제일 좋아! 사랑해! 라고 말해 줄때

너를 만나고 새롭게 알게 된 기쁨은

느림의 미학, 빨리빨리에 익숙한 엄마가 너로 인해서 천천히를 배우게 되었고, 그 속에서 엄마가 놓쳤던 새로운 것도 많이 발견하게 되었어.

엄마가 너와 함께 가장 하고 싶은 것은

여행을 많이 다니고 싶어.

엄마가 너에게 가장 바라는 것은

나중에 엄마가 나이가 들어 늙어도
엄마의 친구가 되어 주었으면 좋겠어.

네가 열여덟 살이 되었을 때 엄마가 바라는 우리의 관계는

친구같이 일상의 소소한 일도 같이 얘기할 수 있었으면 좋겠어.

네 덕분에 엄마는 (이렇게) 성장할 수 있었어

네 덕분에 엄마는 그림책의 세계를 알게 되었고, 네 덕분에 그동안 미뤄왔던 영어 공부를 다시 시작할 수 있었어. 늘 고마워! 너로 인해 배우고 싶은 게 더 많아지게 해줘서…….

네가 살면서 꼭 기억했으면 하는 한 가지는

살아가다 보면 좋은 일도 있지만, 세상엔 생각 보다 많은 어려움이 있을 거야! 그때마다 너의 곁에 엄마가 항상 있다는 걸 잊지 말고, 그 어려움 또한 잘 이겨냈으면 좋겠어.

너는 엄마에게 ○○한 존재야

세정아 너는 엄마에게 일곱 빛깔 찬란한 무지개 같은 존재야.

(늘 새로운 모습 매력적인 모습을 가진 너)

시하야 너는 엄마 뱃속에 있을 때도 달(태명)

지금도 까만 밤하늘을 환하게 비추는 달과 같은 존재야.

너에게 가장 감사한 것은

엄마가 실수를 해도 괜찮다고 말해줄 때

늘 고마움을 느끼고 있어.

너에게 가장 미안한 것은

동생 태어나고 엄마가 너의 5살을 함께 많이 보내지 못한 것 같아. 다양한 일로 인해 그때 엄마가 많이 힘들었나 봐. 너에게 짜증도 많이 부린 것 같아서 너무너무 미안해.

지금 이 순간 너에게 가장 하고 싶은 말은

나의 사랑하는 딸 세정! 내 딸이 되어줘서 정말 고마워!

그리고 그 누구보다 더 많이 널 사랑해!

지금 이 순간 너에게 가장 듣고 싶은 말은

괜찮아~ 엄마! 나도 엄마를 아주 많이 사랑해.

유시아의 엄마 최현정

너를 뱃속에 품고 있을 때는 (가장 바랐던 것, 기도했던 것)

온 세상에 있는 가장 예쁘고 멋지고 행복한 말들은 모두 너에게 들려주고 싶었어. 나중에 너를 만나게 되면 너의 예쁜 두 눈을 바라보면서 사랑한다고 말해주고 정말 아주 많이 꼬옥 안아주어야지 생각도 하곤 했어. 그리고 너는 엄마처럼 주변 눈치는 많이 보지 않고 하고 싶은 말 마음 편하게 하고 살았으면 바랬단다. 그렇게 뱃속에서부터 좋은 것만 다 해주고 싶었던 너인데 가끔은 너를 좌절하게 하고 예쁜 두 눈에 눈물이 나게 하는 사람이 어쩌면 내가 될까 봐 늘 두렵고 미안했어.

너를 처음 안았을 때는 (느낌 기분 감정)

엄마는 너를 처음 안았을 때 참 따뜻했어. 눈도 못 뜬 채 응애응애 하고 울던 너를 바라보는데, 우는 그 입도 어찌나 귀엽고 피부는 또 어쩜 그리 뽀얗고 이쁘던지. 드디어 우리가 만났구나! 하는 생각과 동시에 어떻게 이렇게 예쁘고 소중한 아이가 나에게 와주었을까 하는 마음도 들었어. 엄마, 아빠에게 와줘서 정말 고맙다.

너를 키우면서 가장 기뻤던 때는

'엄마'하고 첫 옹알이를 하였을 때,

두 팔을 뻗어 나에게 아장아장 걸어와주었을 때,

아무것도 아닌 나에게 해맑게 웃어주었을 때.

그냥 엄마는 너의 눈빛, 행동, 표정…… 그 모든 게 기쁨이었어.

네가 한 말 중에 가장 감격했던 말은

뱃속에 있을 때부터 내가 너에게 해주었던 그 말. 항상 내가 해주었던 그 말을 어느 날 네가 나에게 다시 돌려주었어.

'시아야, 너는 정말 소중하고 사랑스럽고 특별해.

너는 세상에 단 하나밖에 없는 엄마, 아빠의 보물이야.

엄마, 아빠 딸로 태어나줘서 정말 고마워.'

소곤소곤 귓속말로 다시 나에게 돌려주었던 그 말.

'엄마, 나는 정말 소중하고 사랑스럽고 특별해요.

엄마 딸로 태어나게 해줘서 고마워요. 사랑해요.'

너를 만나고 새롭게 알게 된 기쁨은

태어나서 지금까지 너를 키우며 힘든 순간 속에서도 '이렇게 큰 기쁨이 공존할 수 있구나'라는 걸 느꼈어. 그냥 흘려보냈던 나의 평범한 일상들이 너와 함께여서 특별할 수 있구나!

네가 열여덟 살이 되었을 때 엄마가 바라는 우리의 관계는

어떤 슬픈 일이든 기쁜 일이든 생기면 '어서 집에 가서 엄마한테 다 말해주어야지' 하고 가장 먼저 나를 떠올려주었으면 좋겠다. 그렇게 종알종알 얘기해 주는 너의 마음을 잘 어루만져주는 포근한 엄마가 되면 좋겠어.

네가 살면서 꼭 기억했으면 하는 한 가지는

그 어떤 순간에도 너의 곁에는 엄마, 아빠가 있다는 걸 기억해 줘. 너는 너라서 특별하고 소중하니까 있는 그대로 너를 사랑해 주렴. 세상에서 너를 가장 사랑해 줄 사람은 사실 엄마도 아빠도 아닌 너 자신이라는 걸 잊지 않았으면 해.

지금 이 순간 너에게 가장 하고 싶은 말은

엄마는 좀 더 좋은 엄마가 되도록 노력할게.

사랑해 우리 아가.

지금 이 순간 너에게 가장 듣고 싶은 말은

엄마, 사랑해요. 우리 엄마가 최고예요.

너는 너라서 특별하고 소중하니까

있는 그대로 너를 사랑해 주렴.

세상에서 너를 가장 사랑해 줄 사람은

사실 엄마도 아빠도 아닌

너 자신이라는 걸 잊지 않았으면 해.

강민재의 엄마 이지혜

사랑하는 민재야, 엄마는 너를 처음 안았을 때, 온 세상을 품은 느낌이었어. 엄마가 삶을 살면서 본 장면 중 가장 경이로웠고 아름다웠어.

엄마가 너를 키우며 너에게 배운 것은 원하는 것을 표현해도 된다는 거야. 민재가 커가면서도 언제나 네가 원하는 것을 표현하면서 살면 좋겠어. 엄마도 너에게 배워가고 있어.

그리고 너는 정말 지금 있는 것에서 새로운 것을 만들어내고 선물하는 힘이 있는 아이야. 너의 상상력은 언제나 엄마를 놀라게 했고, 너의 창조력은 엄마의 마음에 새겨졌어. 엄마를 성장시켜줘서 고마워. 사랑해.

너는 존재 자체로 기적이자 축복이야.

사랑하는 아들, 너는 2017년 초여름에 엄마, 아빠에게 왔어. 네가 엄마 아빠에게 온 건 정말 기적이었기에 너를 임신했다는 사실만으로도 많은 축복을 받았지.

엄마는 어릴 때 소심하고 겁이 많기도 했는데 네 덕에 용기 있게 도전하는 사람이 될 수 있었어. 실수도 받아들이고 사과할 수 있는 사람이 되어갔어. 고마워.

엄마는 너의 꿈을 같이 응원하고 같이 도전하고 싶거든. 진심으로. 엄마가 언젠가 고리타분한 소리를 하면 꼭 이 책을 엄마에게 보여주렴. 그럼 엄마가 깊이 마음을 연결하고 대화할게. 사랑해.

아들, 지금 너에게 가장 하고 싶은 말은, 이 세상에 엄마의 아들로 태어나줘서 고맙다는 거야. 그리고 너에게 가장 듣고 싶은 말은, "엄마, 태어나게 해줘서 고마워요. 나 자신을, 참 사랑을 믿게 해줘서 고마워요."라는 말이야.

아들, 언제나 너를 축복하고 믿어주는 엄마가 되어가도록 엄마도 더 많이 사랑하며 성장할게.

엄마의 딸

누군가의 엄마

누군가의 아내가 아닌

너로 살았으면 좋겠어.

네가 가장 원하는 인생을 살았으면 좋겠어.

《안녕 나의 엄마》 중에서

참고도서 ≪오제은 교수의 자기 사랑 노트≫

3장

다시 쓰는 엄마의 세계

- 아이는 어린시절 나를 만나게 합니다
- 엄마이자 나로 살겠습니다

#3

다시 쓰는 엄마의 세계

우리는 이곳에 고통받기 위해서가 아닌 기억해내기 위해 태어났다. 세상은 우리에게 자신의 신성을 기억하고, 그것을 찬란히 표현할 수 있는 수천 가지 기회를 제공한다. 세상의 모든 상호 작용은 우리의 낡고 보잘것없는 모습을 새롭고 고귀한 모습으로 바꾸기 위해 존재하는 것이다. 우리는 자아 발견이라는 영광스런 여행을 하고 있다. 자신의 찬란한 본질이 제 모습을 드러낼 때까지 우리는 결코 쉴 수 없다.

≪내것이 아니면 모두 버려라≫ 중에서

엄마는 아이의 잠재력을 무한하게 경험하는 존재다. 육아의 과정은 그 경험을 풍성하게 만들어주고 흘러넘치게 하여, 엄마 안에 잠든 거인을 깨워준다. 엄마는 아이를 키우는 시간 동안 아이를 통해 자신의 잠재력을 만날 수 있다.

엄마는 아이를 키우면서 새로운 자신을 발견하게 된다. 아이는 엄마 안의 숨겨진 모든 잠재력을 깨닫게 한다. 엄마는 아이를 키우면서 비로소 자신의 찬란한 본질을 드러낸다. 엄마이자 나로 산다는 것은 이 세상 가장 영광스러운 여행이다.

≪다시 쓰는 엄마의 세계≫ 중에서

아이에게 배울 점은 무엇인가요?

아이는 어린 시절 나를 만나게 합니다

- 엄마이자 작가, 정경선

진짜 나를 찾게 해준 아이, 선물아 고마워.

"엄마의 꿈은 뭐야?"

이 질문을 받은 뒤로 생각하는 시간이 많아졌다.

나는 어떤 사람일까? 엄마 아빠에겐 듬직한 장녀였고, 아이들에겐 완벽한 엄마였고, 사회에선 맡은 일 열심히 하며 성과 내는 사람이었고, 가정에선 현명한 아내이자 며느리였다.

나라고 생각한 것을 메모해 봤다.

듬직한 장녀

듬직한 장녀이기 위해서 가족의 도움이 필요한 일이 생겨도 엄마, 아빠 걱정할까 대부분 말 안 하고 혼자 해결했다. 그리고 외로웠다.

완벽한 엄마

완벽한 엄마이고 싶은데 내 데이터엔 없어서 육아를 책으로 배웠고, 그대로 하느라 나를 버리고 아이들을 위해 살아봤지만, 책은 책이지 나의 삶과는 거리가 멀었다. 책을 읽은 부분이 현실로 이어지지 않을 때, 나에게 화가 났다. 잘 기능하는 매력적인 피고용인이 되고 싶어 늘 해야 하는 것보다 더하려 노력했고, 그래서 빠른 승진과 많은 연봉을 받았지만, 그러기 위해선 더 희생해야 했다. 현명한 아내이자 며느리이고 싶었지만 이게 어디 말처럼 쉬운 일인가.

아… 어디에도 행복한 나는 없었다.

40년 넘게 나인 줄 알고 살았던 듬직한 장녀와 완벽한 엄마는 나의 모습이 아니었다.

나는 '화'가 많다는 것이 그냥 내 성격이라고 생각했는데 실은 그렇게 산다고 힘들어서 화를 내었나 싶기도 했다. 답을 정확하게 찾았냐고 묻는다면 그건 아니지만, 지금껏 따라온 길이 정답이 아닌 건 확실했다.

그래서 버리기 시작했다.

'완벽한 엄마는 내 이름이 아니야.'

'듬직한 장녀도 내 이름이 아니야.'

버리면 큰일이 날 줄 알았지만 하나씩 내려놓을 때마다 오히려 좋았다. 특히 아이들을 대할 때 완벽을 내려놓으니 즉각적으로 변화가 일어났다.

1. 아이를 바라본다.

그러던 어느 날 우리 아이들이 보였다. 너무나 재밌게 놀고 있었다. 나는 평소에 놀이는 시간을 잡아먹는 것이라 생각해왔다. 완벽한 엄마로 살 때는 청소를 더 하거나 몸은 아이들과 놀아주고 머리는 다른 생각을 했었다. 그런데 한참을 아이들의 노는 모습을 바라보는데 이런 마음이 든다.

2. 나도 한번 해볼까

좀 재미있어 보였다. '나도 한번 해볼까?'라는 생각이 들던 순간. 둘째가 내 손에 물감을 묻혔다. 머리에 비상 사이렌이 켜졌지만(난 내 손에 무언가 묻는 것을 싫어하는 사람이다.) 아이의 천사 같은 표정에 나도 모르게 웃었다. 같이 놀자는 눈빛을 보게 되고 그냥 놀았다. 아이처럼 놀았다. 몹시 재미있었다.

3. 나는 색감을 즐긴다.

미술이라면 알레르기반응처럼 '전 미술을 잘 못해서요. 소질이 없어요.'라고 말하던 나였는데, 평가받을 걱정이 없는 아이들과의 그림 그리기는 그 자체로 꽤 재미있었다. 물감과 크레파스 냄새, 책상을 가득 메우는 알록달록한 색연필의 색감을 실컷 즐겼다.

4. 어렸을 때부터 나는 미술을 좋아했다.

내가 선물이처럼 어렸을 때, TV에서 밥 아저씨가 나와 큰 붓으로 "참 쉽죠?"를 연발하며 벅벅 그림을 그리면 나도 그걸 따라 했었다. 엄마가 되어 다시 어릴 적 나로 돌아가서 놀기 시작했다. 그리고 제법 멋지게 그림을 완성했다.

그런데 생각해보니 어른들은 어린 나에게 이런 말을 자주 했다. "예술가는 밥 벌어먹고 살기 힘들어. 예체능 뒷바라지는 돈이 많이 들어."라고. 그 후로 내 인생에서 예술은 제외 시켰다.

나는 미술을 좋아했다. 아니다. 나는 미술을 좋아한다. 나는 아주 어릴 때 화실 다니기를 좋아했다. 성인이 된 이후에도 에바 알머슨 전시회를 보러 다닐만큼 좋아했다.

내가 얼마나 미술을 좋아하는지 알게 된 상황이 아이의 크레파스를 들고 있을 때라니! 미술을 사랑하는 나를 만났듯이 더 다양한 나를 만날 수 있겠지? 놀라운 내 진짜 모습이 궁금해졌다.

그날부터 나는 아이들을 친구이자 스승으로 모셨다. 특히 자신의 원함이 아주 뚜렷한 타고난 예술가인 첫째 선물이는 정말 탁월한 스승이었다.

그동안 나와 너무 달라서 이해하기 힘들다 생각했던 첫째였다. '왜 쟤는 나처럼 차분하지 못할까? 왜 쟤는 눈치 빠르게 해야 할 일을 하지 않을까?'라고 생각하며 속상해했는데 알고 보니 선물이는 나와 닮은 점이 많았다.

나는 스승님과 한집에 산다.

선생님이랑 한집에 살며 1:1로, 그것도 공짜로 개인 과외를 받을 수 있다니. 놀라웠다. 난 엄청난 행운아다. 이 멋진 아이를 낳은 엄마가 나라니!

엄마 하기를 너무 잘했다. 엄마라는 시간이 진짜 나를 찾는 과정이라 생각하니 아이와 노는 시간이 예전처럼 힘들지 않았다.

5. 나를 찾아가는 여정

나는 진짜 나를 찾아가는 여정을 진행 중이다. 매일 아이들과 함께 신나게 놀면서 말이다. 그림을 좋아하는 나 말고도 호기심이 많은 나, 도전을 즐기는 나, 게으른 나 등 다양한 나를 찾아가고 있고, 설령 그게 멋진 모습이 아닐지라도 기쁘게 수용하는 연습을 하고 있다.

혹시 나의 이야기에 공감이 가는 엄마가 있다면, 특히 아이와 노는 것이 힘든 엄마가 있다면 앞뒤 상황 생각하지 말고, 내가 아이와 같은 나이가 되었다 생각하고 그냥 한번 놀아보라고 권하고 싶다. 아마도 생각보다 즐거운 경험을 할 것이고, 진짜 나를 찾고 진짜 엄마가 될 수 있도록 돕는 선물이 기다리고 있을 것이다.

그리고 혹시 엄마로 살기 위해 포기했던 것들로 속상한 엄마가 있다면, 엄마로 살며 나를 되찾는 시간을 가지는 것이 더 값지니 한번 제대로 엄마로 살아보라 말하고 싶다.

아마 계속 일을 했다면 지금보다 돈은 훨씬 더 많이 벌었겠지만 지금의 진짜 행복을 모르고 살았을 것이다. 그리고 엄마로 제대로 살아낸 힘으로 돈은 얼마든지 벌 수 있으니 마음껏 엄마가 되면 좋겠다.

우리 같이 엄마이자 나로 제대로 살아보면 어떨까?

후회 없이 재밌게 살아가는 모든 순간을 기록하면 어떨까?

나는 물감과 붓을 들고 찾아갈 테니 같이 그렇게 살면 좋겠다.

엄마이자 나로 살자.

나의 재구성

엄마는 말이야

____________ 하며 살고 싶어.

엄마의 ____________ 을

방해하는 것은

“ ”

내면아이에게 편지 쓰기

내면아이와 만나는 가장 좋은 방법은 어린 시절 가장 크게 상처받았던 아이를 떠올리고 그 아이에게 편지를 쓰는 일입니다. 편지는 한두 문장 정도면 충분합니다.

《오제은 교수의 자기 사랑 노트》 중에서

어린 시절 나에게 쓰는 편지

내가 꿈꾸는
명대사, 명장면은

#3
엄마이자 김정은으로 살겠습니다

엄마는 말이야 ○○하며 살고 싶었어

엄마는 20대 때 바쁜 삶을 살았어. 열정적으로 일했기에 그 때가 가슴이 제일 뛰었던 거 같아. 그때의 열정을 다시 느껴보고 싶어.

엄마의 ○○을 방해하는 것은

'회피'

회피만이 답이 아니었어.

대화를 통해 문제를 풀어가고 싶어.

어린 시절 나에게 쓰는 편지

정은아. 어린 시절 너는 정말 열정적인 아이였어. 과일에 비유하자면 새빨간 사과! 그땐 지치지도 않았어. 어린 시절 나는 잘 웃고, 낯도 안 가리고, 춤추는 것도 좋아하고, 밝고 씩씩한 아이였어. 걱정 없이 하루하루가 매일 행복했지.

그런데 사회에 나온 순간부터 점점 웃음을 잃기 시작했어. 사회생활을 하며 '난 다시 예전 웃음을 찾을 수 있을까?' 라는 생각을 많이 했어.

시간이 지나고 가정을 꾸린 뒤 그건 나의 착각이란 걸 알게 되었어. 행복은 멀리 있지 않더라고, 바로 내 옆에 있었던 거야. 사랑하는 사람과 결혼을 하고, 사랑스러운 아기를 낳고 그 아기가 성장하는 과정을 보면서 기쁨을 만끽하고 있어. 난 이 세상에서 제일 행복한 사람이야.

어린 시절의 정은아~ 나는 지금 잘 지내고 있고 너무 행복해. 가끔 우울할 때나 슬플 때 어린 시절의 너를 떠올리며 치유해 볼게. 그 기억 속에서 변치 않고 현재의 나를 응원해 주고 지켜봐 줘. 그럼 이만 쓸게. 또 보러 온다고 약속할게!

#3

엄마이자 양정화로 살겠습니다

엄마는 말이야 ○○하며 살고 싶었어

지아야, 엄마는 말이야. 사랑이 흘러넘쳐서 내가 받은 사랑으로 다른 사람을 사랑하는 삶을 살고 싶어. 지아를 있는 그대로 바라보고, 기다려주는 엄마가 되고 싶어. 그리고 신뢰하는 엄마로 살게.

엄마의 ○○을 방해하는 것은

신뢰하지 못하게 방해하는 것은 버림받을 것 같은 두려움 때문이야. 그래서 엄마는 때로는 회피하고, 또 그 회피를 후회하곤 한단다. 하지만 그럼에도 엄마는 신뢰를 선택할래. 버림받을 것 같은 두려움을 걱정하지 않고 뛰어넘을 수 있는 힘이 내 안에 있다는 것을 믿을게.

어린 시절 나에게 쓰는 편지

안녕, 어린 정화야? 난 33살의 정화야. 이 편지로 네가 들어야 할 이야기를 전하고 싶어.

너에게 꼭 전하고 싶은 말은 너는 존재 그 자체로 이미 충분하다는 거야. 잘하려고 애쓰지 않아도 돼. 이미 있는 그대로 너는 사랑받을 존재야. 너는 사람들을 참 좋아해. 그래서 그들 사이에서 사랑받으려고 애쓰곤 해.

하지만 무엇보다 중요한 건 너 스스로를 사랑하는 거야. 있는 그대로의 너를 바라봐 주고, 인정하고, 사랑하자. 아무도 너를 버릴 수 없어. 아무도 너를 해칠 수 없어. 네 안에 너 스스로를 지킬 수 있는 힘이 있어.

그리고 네 앞에 주어진 삶을 누리고 만끽하기를 바라. 힘들고 아프기도 하겠지만 그 모든 일들이 너를 성장하게 할 거야. 외롭고, 어려웠겠지만 앞으로는 내가 함께 할게.

그리고 무엇보다 이렇게 잘 커줘서 고마워. 세상에 너를 맞추지 않고 오롯하게 너로 살겠다고 나와 줘서 고마워. 우리 앞으로도 그렇게 살자. 이 세상에 온 너를 환영해. 내가 강해질게. 내가 너를 지킬게. 사랑해 정화야.

#3
엄마이자 정경선으로 살겠습니다

어린 시절 나에게 쓰는 편지

너무너무 예쁜 어린 경선이에게

예전 사진을 잘 보지 않았는데 수업 덕분에 널 만나게 되었어. 네가 이렇게 예쁜 아이인지, 잘 웃는 아이인지 알게 되어서 너무 기뻐. 어릴 때 기억이 별로 없어서 속상했는데 용기 내어 꺼내든 사진 속 네 모습은 내가 상상했던 것보다 훨씬 더 행복해 보여.

보석처럼 빛나는 두 눈에 태양처럼 환한 미소를 가진 우리 예쁘고 어린 경선아. 넌 커서 아름다운 40대를 보내게 되고, 아주 사랑스럽고 선물 같은 두 딸아이를 키우는 엄마가 된단다.

그러니 네 미래에 대한 걱정은 모두 버리고 모든 순간 너의 원함에 집중하며 매일을 행복하게 최고로 살기 바라. 사랑하는 우리 예쁜 경선아. 너무 사랑해.

어른 경선이가.

#3
엄마이자 이은주로 살겠습니다

어린 시절 나에게 쓰는 편지

어린 은주야~ 나는 44살 은주야. 두 딸을 키우는 주부란다. 일하는 엄마를 둔 너는 학교 갔다 돌아오면 엄마가 맞아주는 상상을 하면서 부러워했잖아.

그래서 지금 전업주부가 되어서 유치원과 학교를 다녀오는 아이들을 집에서 맞이하고 있지. 웹디자이너로 커리어를 잘 쌓고 있었을 때, 첫 딸의 임신을 알고는 미련 없이 일을 그만뒀지. 아마 다시 돌아가더라도 같은 선택을 할 거라 생각해. 그러니 지금부터 최대한 많은 것을 경험을 하고 즐기길 바라. 자라면서 넌 돈 걱정과 집 걱정을 하느라 즐기지 못했거든. 대학생이 되어 계속 아르바이트를 하면서 시간에 쫓기고, 결혼을 하고도 돈 번다고 여행도 많이 못 갔단다. 너의 시간은 두 번 다시 돌아오지 않아.

그러니 걱정하기보다는 인생을 즐겨. 지금 생각해 보면 왜 그렇게 걱정을 많이 하고 현실에 전전긍긍했는지 후회가 많이 돼. 그래도 넌 잘 살았어. 네가 이 편지를 읽게 된다면 꼭 기억해 줘. 걱정을 내려놓고 많은 것을 경험하며 살아.

#3

엄마이자 로 살겠습니다

엄마는 말이야 ○○하며 살고 싶었어

엄마의 ○○을 방해하는 것은

어른인 내가 내면아이에게 편지 쓰기

그 아이가 필요로 하는 것이 무엇인지 당신이 이미 알고 있고, 그 것을 줄 것이라는 확신을 주세요. 그리고 그 아이를 유일하고 소중한 존재로 보기 위해 당신의 모든 노력을 다하겠다는 확신을 심어주세요.

《오제은 교수의 자기 사랑 노트》 중에서

어린 시절 나에게 쓰는 편지

#3

엄마이자 오지민으로 살겠습니다

엄마는 말이야 ○○하며 살고 싶었어

사랑하는 엄마의 큰 딸 서후야. 엄마는 주변의 행복을 놓치지 않고, 감사할 줄 아는 삶을 살고 싶어. 자꾸만 미래를 계획하고, 꿈꾸면서 현재를 놓치고 있다는 생각이 들어. 정말 소중한 지금, 이 순간을 감사하며 살아야겠어.

엄마의 ○○을 방해하는 것은

엄마의 발목을 잡는 것은 '집착'이었던 것 같아. 잘하려는 마음, 너희들을 잘 키우려는 욕심이 나를 나아가지 못하게 했고, 머물게 했고, 두려움의 벽을 만들었어. 이제 하나씩 단단한 벽을 깨고 문을 열고 나올게. 문이 잘 열리지 않아도 힘을 내서 열고 너희들이 날 수 있는 통로가 되도록 할게.

어린 시절 나에게 쓰는 편지

지민아~ 안녕! 세월을 거슬러 사진으로 너를 만나니 새롭고 귀여운 거 같아. 어린 시절 많은 일이 한꺼번에 너에게 찾아왔었어. 커다란 파도와 태풍이 함께 와서 이제는 좋은 일 그리고 넘기 쉬운 파도만 남았다고 엄마가 말해준 거 기억하지? 그 말이 힘이 되어서 지금까지 잘 버텼던 거 같아. 그 시절 나에겐 여진이와 수은이가 항상 함께했었고, 이들과의 추억은 힘들 때마다 꺼낼 수 있는 강력한 무기가 되곤 했지.

새로운 가족 속에서 너는 집안의 막내로 자랐어. 막내딸인 너를 엄마는 가끔 딸 같기도 하고, 아들 같기도 하고 남편 같기도 하다곤 하셨지. 지금 너의 아이들처럼 넌 엄마를 너무 사랑했어. 친구들과 약속이 있더라도 엄마가 있으면 핑계를 대고 엄마 옆에 있던 '엄마 바라기'였지.

고등학교를 졸업하고 나서는 엄마에게 가장 멀리 떨어져 사는 딸이 되었지. 대학도 회사도 집에서 멀리 떠나왔어. 지민아~ 이 모든 시간이 너를 자라게 했고, 그게 너를 자유롭게 했어. 지금까지 잘 살아왔어.

그리고 지민아, 엄마의 눈빛과 믿음의 기도가 너를 자라게 했음을 기억해. 그때나 지금이나 참 복이 많은 사람이야. 이제 하루하루 더 활짝 피어나길 바라.

#3

엄마이자 이지혜로 살겠습니다

엄마는 말이야 ○○하며 살고 싶었어

사랑하는 아들, 엄마는 말이야 엄마를, 아빠를, 너를, 사람들을 축복하고 믿어주며 살아가고 싶어.

엄마의 ○○을 방해하는 것은

과거에 대한 '후회', '걱정' 그리고 어디서부터 시작해야 할지 모르겠다는 '복잡함'이야. 그런데 그 마음을 깊이 살펴보니, 엄마는 사람을 잃을까 봐 두려워하는 마음이 있었더라고.

이제는 그 마음을 흘려보내고 사랑으로 사람들을 축복하려고 해. 사람들을 진정으로 신뢰하고 엄마의 마음을 표현할 때 진짜 연결된 관계가 된다는 걸 알았어.

어린 시절 나에게 쓰는 편지

사랑하는 지혜야, 오늘 네게 편지를 써. 다시금 사진을 보니 너는 참 작고 귀엽고 웃음이 예쁜 아이였구나. 네가 얼마나 귀하고 사랑스러운 존재인지, 사랑 그 자체인지 그동안 잊고 지냈던 거 같아. 사진을 보며 너의 밝은 미소로 많은 사람을 축복하며 살아왔다는 것을 느낄 수 있었어.

사랑하는 지혜야, 너는 존재 자체만으로 사랑이고, 축복이고, 기적이야. 너는 그 자체로도 충분하고 충만한 존재야. 그러니 부디 사랑으로 살길 바라.

그리고 이 세상에 태어나줘서, 지혜로 태어나줘서 정말 고마워. 앞으로 더 많이 사랑하고 기쁘게 살아갈게.

우리 함께 하자. 사랑해.

#3
엄마이자 최혜미로 살겠습니다

엄마는 말이야 ○○하며 살고 싶었어

엄마는 말이야, 작은 것 하나에도 행복해하며, 그 기쁨을 마음껏 표현하며 살고 싶어.

어린 시절 나에게 쓰는 편지

꼬꼬마 혜미야~

어린 시절 너의 모습을 보면 뭐가 그리 즐거운지 항상 웃음이 가득한 아이였어. 엄마의 사랑스러운 막내딸로 사랑을 많이 받으면서도 더 많은 사랑을 받기 위해 부단히 노력했던 것 같아!

너는 커서 너를 닮은 딸을 낳게 되고, 어릴 적 네가 받은 사랑보다 더 많은 사랑을 그 아이에게 전하고 있어. 너의 딸도 너를 닮아서 잘 웃고, 밝고, 자유롭고, 꿈이 많은 아이로 자라고 있어.

혜미야, 지금도 잘하고 있어. 충분히 잘하고 있으니깐 네 안에 있는 너를 믿고 달려갔으면 좋겠어. 행복은 네 안에 있다는 걸 기억하렴. 그리고 사랑해.

어릴 적 혜미에게 지금의 혜미가.

#3

엄마이자 정효경으로 살겠습니다

어린 시절 나에게 쓰는 편지

어린 효경에게.

무섭고 외롭고 두려운 시간을 잘 견디고 버텨줘서 고마워. 옳은 것을 향해 흔들림 없이 걸어준 너의 용기와 애씀에 감사한다.

너 자신을 위해 살지 못하고 타인을 위해 희생한 시절이 마음 아프지만 그 시간을 통해 삶을 지탱할 수 있는 통찰과 내면의 단단한 힘이 생겼을 거야.

앞으로 너의 삶에 사랑과 행복이 기다리고 있을 거야. 그동안 참으로 고생을 많이 한 너였기에 그 시간을 훌륭하게 지나올 수 있었어. 네가 참 대견하다. 너는 처음부터 사랑받아 마땅한 존재였어. 그걸 기억해.

#3

엄마이자 최현정으로 살겠습니다

엄마는 말이야 ◯◯하며 살고 싶었어

내 마음에 귀를 기울이는 사람이 되고 싶어. 주변의 다양한 소리들도 좋지만, 그것보다는 내 마음의 소리를 가장 먼저 귀 기울여서 내가 진정으로 원하는 건 무엇인지 알아차리고 내가 원하는 것을 도전하고 이루어내며 매 순간 설레는 삶을 살고 싶어.

엄마의 ◯◯을 방해하는 것은

'불확실한'

마주하는 모든 상황이 불확실하고 아이와 나와 남편의 미래도 예측할 수가 없어서 불안, 걱정, 두려움이 앞섰어. 불쑥불쑥 드는 모든 부정적 감정의 이유가 불확실함으로부터 온 것이라는 생각이 들어.

어린 시절 나에게 쓰는 편지

현정아~ 아프면 아프다고 말해도 돼.
아픈 건 창피한 일이 아니란다.

실패할 수 있을 때 마음껏 실패해 보렴! 그게 무엇이든!
실패할까 봐 시도조차 못 하고 포기한 일들이 참 많았는데
이제 와 돌이켜보니 사실 무언가 실패하는 것보다
실패할 수 있는 기회를 잃는 게 가장 슬픈 일이더라.

있는 그대로의 너를 사랑해 줘.
실수투성이인 너.
당황하면 얼굴 빨개지던 너.
모든 걸 다 잘하고 싶었던 너.
가족에게 인정받고 싶었던 너.
맘껏 사랑받고 싶었던 너.

모든 순간의 너를 사랑해.
이 세상에서 너를 사랑해 주어야 할 사람은
너 자신이라는 걸 절대로 잊지 않았으면 해.
현정아, 사랑해!

'불확실함'으로 더 이상 앞으로 나아가지 못하고

제자리에 있는 것보다.

정해진 길에서 벗어나 다른 방식으로 나아가다 보면

비로소 새로운 풍경을 만나게 되고,

불확실함을 자연스럽게

받아들이는 날이 올 것이라 믿는다.

- 엄마이자 작가, 최현정 -

엄마의 재구성

나는 엄마 나이로

________ 살이예요.

내가 우리 아이에게 남기고 싶은

한 마디는

“ ”

우리 아이에게 선물하고 싶은

최고의 순간은

우리 아이의 장점은

표정이 많다

그네를 잘 탄다

“오늘 하루 중 언제가 그네 타는 것처럼 신나는 기분이었어?”

웃는 모습이 정말 예쁘다

골고루 잘 먹는다

“지금” 우리 가장 사랑하자.

감정 표현을 잘한다

힘이 세다

잠을 푹 잔다

동물 박사

무료했던 일상에 기적 같은 무지개가 피었다.

수다쟁이

마음이 따듯하다

개그맨이다

잘생겼다

꽃을 참 좋아한다

목욕을 좋아한다

할머니를 안아준다

"서로, 서로, 서로"

탐구심이 많다

냄비 뚜껑을 잘 맞춘다

강아지를 좋아한다

춤을 잘 춘다

사람을 좋아한다

함께하는 오늘을 만끽하자.

활발하다

에너지가 넘친다

용기가 있다

공감을 잘한다

솔직하다

매일매일 자라고 있다

놀이 만들기 대장이다

우리는 베스트 프렌드 얍얍

자기의 마음을 말로 표현할 줄 안다

미소가 정말 아름답다

엉덩이춤 잘 추는 너

현재를 감사하자

호기심 많은 눈동자

마음을 글로 잘 표현하는 아이

사랑이 많다

Happy Ever After

건강하고 주체적이다

엄청~~귀엽다

너는 감탄 그 자체야

용감해

우리가 함께 하는 매 순간이 명장면이야

장난기가 많아

사랑스러워

노래 부르기를 좋아한다

행복은 멀리 있지 않아! 바로 여기 있어!!

글씨를 이쁘게 잘 쓴다

사소한 일도 엄마에게
쫑알쫑알 얘기를 한다

좋아하고 하고 싶어 하는 것이 많다

너를 만난 건 기적이야

상황극을 잘한다

싫어하는 것을 싫다고 말한다

엄마이자 나로 살겠습니다.

당신의 꿈은

무엇인가요?

에필로그

엄마이자 나로 피어나는 엄마들에게

엄마성장연구소 소장 김수경

'아이를 키우는 건 좋지만, 나를 잃는 건 아닐까?'

엄마가 처음이라 우리는 이런 생각을 합니다.

저도 아이를 키우며 '나를 잃어버리는 것 같다'는 생각을 한두 번한 것이 아닙니다. '아이가 엄마 손을 떠나기 전까지는 엄마로만 살아야 하는 것 아닌가?', '나로 사는 건 불가능한 것인가?'라는 생각을 참 많이 했습니다.

일을 하며 커리어를 키우고 싶다는 마음이 아이를 망치는 나의 욕심은 아닐까 수없이 걱정했습니다. 나를 찾겠다고 나서면 아이를 방치하는 엄마가 될까 봐 스스로를 의심했습니다. 아이가 아플 때 옆에서 돌봐줄 사람이 없을까 봐 결정적인 순간에 포기하기 일쑤였습니다. 그런 여러 걱정과 염려, 불안과 두려움에도 불구하고, 나는 나로 살기를 선택했습니다. 물론 엄마로도 살면서요. 내 딸에게는 '엄마가 되는 것이 나로 살기를 포기해야 하는 것이 아님'을 보여주고 싶었고, 친정엄마에게는 '엄마이자 나로 살자'고 말하고 싶었기 때문입니다. 출산과 육아는 여성의 삶의 장애물이라고 말하는 사회에게 엄마의 시간이 얼마나 빛나는지 증명해 보이고 싶었습니다.

그렇게 나를 잃지 않으려고 애를 쓰며 큰 아이를 아홉 살까지 키우고 보니, 지금은 행복한 엄마이자 당당한 나로서 살고 있습니다. 아이가 경이로운 존재로 자라는 9년 동안, 저도 엄마로 살면서 더 위대한 사람으로 성장했습니다. 아이를 키우는 시간은 '나를 잃기'에 딱 좋은 때이지만, 아이러니하게도 '나를 찾기'에 가장 좋은 기회입니다.

2021년 10월, 엄마의 시간을 가장 소중하게 여기며 나로 살겠다고 말하는 엄마 열한 명을 만났습니다. 몇 년 전 저를 보는 것 같았습니다. 아이에게 가장 좋은 것만 주고 싶고, 나로서도 행복하게 살고 싶은 엄마들이었습니다.

우리는 한 달 동안 열한 번을 만나면서, 끊임없이 이야기를 나누었고, 그것을 기록했습니다. 우리가 만난 지 한 달밖에 되지 않았다는 것이 믿기지 않을 정도로 각자 내면의 깊은 이야기를 꺼내

놓았습니다. 서로를 신뢰했고, 안전함을 느꼈습니다. 그리고 우리는 서로를 위해 진심으로 울어주었고, 안아주었습니다. 유산으로 남길 이야기를 텍스트로 남기고, 예술적으로 표현하면서 우리는 서로에게 누구보다도 든든한 지지자였고, 진짜 웃음을 나누는 공동체였습니다. 그렇게 우리는 엄마로만 살던 일상에서 '나'의 비중을 점점 더 키워가기 시작했습니다.

'2년 만에 진짜 웃음을 찾았다', '나를 찾아가고 있어 반갑다', '아이를 더 사랑하게 되었다', '남편과 진심 어린 소통을 하게 되었다', '친정엄마와 40년 만에 화해를 했다'는 엄마들의 생생한 기적 스토리를 들을 수 있게 된 것은, 우리가 '엄마'라는 연대로 만났기 때문일 것입니다.

'○○의 딸, ○○의 엄마'라는 수식어가 이렇게 아름답게 다가온 적이 없습니다. 예전에는 내 이름 석 자가 사라지는 것 같아 속상하고 답답할 때가 있었는데, 누군가의 딸, 누군가의 엄마이기 때문에 내 이름과 내 존재가 더더욱 빛난다는 것을 이번에 절실히 느꼈습니다.

대부분의 꽃은 따뜻한 봄날에 꽃을 피우겠지만, 고난과 역경을 이겨내고 추운 겨울에 피어나는 꽃도 있습니다. 시기와 방법에는 좋고 나쁨이 없습니다. 우리는 꽃이며, 엄마이자 나입니다. 이번 책을 준비하며 활짝 피어난 열한 명의 엄마 작가들처럼, 당신의 이야기도 새롭게 펼쳐질 것입니다.

이 책은 나의 이야기이고, 당신의 이야기입니다. 그리고 우리의 이야기이기도 합니다. 이 책을 읽는 모든 분들이 엄마라는 축복의 자리에서 '나'로 성장하기를 바랍니다. 아이에게 유산으로 남기고 싶은 삶을 먼저 사는 부모가 되시기를 기대합니다.

당신의 모든 발걸음을 응원합니다.

엄마이자 작가님들께

엄마의 책쓰기 강사

김수경· 최미영

정은 작가님, 수줍어하는 미소 뒤에서 작가님만의 고유한 빛을 보았어요. 아들에게 붙여준 '매력적인 무지개'라는 별칭이 작가님에게도 쏙 어울려요. <엄마는 말이야> 책쓰기 수업을 하는 날이면 하늘을 나는 것 같은 기분이라고 하셨죠. 자신감도 올라가고, 정말 행복해진다고요. 정은 작가님은 그런 사람이에요. 매일 무지갯빛 반짝이며 신나게 살아요, 우리!

현정 작가님, 과거를 뛰어넘어 도전하는 모습이 정말 멋져요. 불확실한 환경 속에서도 포기 대신 새로운 만남을 선택하면서, 새로운 세상을 먼저 살아내고, 아이에게 그 세상을 선물하는 멋진 엄마 현정 작가님! 한 달 동안 작가님의 진실한 이야기를 들을 수 있어서 감사했어요. 작가님의 새로운 세상으로의 발걸음을 축복합니다.

지혜 작가님, 엄마이자 나로 사는 이야기를 쓴다는 것이 지혜 작가님에게 얼마나 소중한 경험인지 잘 알아요. 어렵고 힘든 순간들에 머무르기보다 유산으로 남길 이야기에 더 집중하는 모습이 정말 근사했어요. 과거를 넘어 미래를 선물하는 엄마로 성장해 줘서 고마워요. 이 시대 엄마들에게 전할 다음 이야기도 기대됩니다.

경선 작가님, 한 여성의 딸이자, 두 딸의 엄마이자, 나라는 존재로 살아낸 이야기를 책으로 남겨주셔서 감사해요. 그것이 얼마나 더 큰 기적을 만들어내는지 보여주신 것에 큰 감동을 받았어요. 자기 사랑을 시작으로 엄마이자 나로 사는 경선 작가님의 발걸음이 너무나 귀해요. 이제 마음껏 누리며 살아요! 사랑합니다.

정화 작가님, 엄마이자 나로서의 진심 어린 마음을 듣고 나눌 수 있어서 정말 좋았어요. 아이를 떠올리며 흘리던 눈물이 얼마나 맑고 아름다웠는지 기억해요. 정화 작가님이 진짜 원하는 삶을 살아내고 써주신 것이 많은 엄마들에게 다음 길을 제시하는 한 줄기 빛과 같아요. 아이와 함께 하고 싶은 거 다 하고 사는 멋진 엄마로 성장하는 정화 작가님, 팬입니다!

다영 작가님, 첫날부터 마지막 순간까지 작가님의 눈물과 함께라서 참 좋았어요. 촉촉하게 차오르는 다영 작가님의 눈에서 치유의 에너지를 느꼈어요. 한 사람 한 사람의 이야기에 귀 기울이며 마음을 모아 주신 다영 작가님 덕분에 따뜻하고 행복했어요. 역경에 굴하지 않는 강인함을 가진 꽃다운 다영 작가님, 사랑이 넘치는 치유자로, 나답게 사는 엄마로의 여정을 진심으로 응원합니다.

현주 작가님에게 그림책을 읽어드린 날이 기억나요. 현주 작가님으로부터 "2년 만에 처음으로 웃었어요."라는 말을 들었을 때, 가슴이 벅차올랐어요. 18개월 아들이 이제는 강아지를 보고 "멍멍"이라고 말한다며 행복해하던 작가님의 표정을 잊을 수가 없어요. 이제는 휘승이와 함께 매일 웃으며 행복하게 살아요. 현주 작가님과 휘승이의 모든 앞날을 응원하고 축복할게요. 존재만으로 너무 감사해요.

지민 작가님과 수업 후에 포옹을 하며 나누었던 대화를 기억해요. 자신의 이야기를 많이 꺼내지 못해 미안하다고 하셨을 때 제가 "괜찮아요. 여기 함께 있는 것만으로도 고마워요."라고 했었지요. 존재만으로도 반짝반짝 빛나는 지민 작가님과 함께한 그동안의 시간들이 너무 행복했어요. 빛나는 지민 작가님의 이야기들에 미리 축복을 보냅니다.

은주 작가님의 자기소개서가 제일 많은 추천을 받아 무대에서 인터뷰를 했지요. 수업을 하면서 만나는 감정들이 힘들어서 더 이상 안 오려고 했었다며 솔직하게 말해주어서 얼마나 고마웠는지 몰라요. 그리고 '엄마에게 쓰는 편지'를 다시 쓰고 싶다며 편집 마감 시간을 물어보았지요. 은주 작가님이 보내주는 시간까지는 무조건 기다리겠다고 답했던 게 기억나네요. 고유함을 가진 은주 작가님을 진심으로 사랑합니다.

효경 작가님이 수업에 처음 온 날을 기억해요. 처음에는 어색해하셨지만 사람들의 이야기를 진심으로 들으며 응원하고 언니처럼 챙기는 모습들을 볼 때, 이 수업과 이 만남을 사랑하고 있음을 느낄 수 있었어요. 효경 작가님을 만나서 저라는 사람은 더 따뜻해졌어요. 작가님과 함께 한 모든 시간들이 저에게 축복이었어요. 감사해요.

혜미 작가님이 무대에서 사진 촬영하던 모습이 기억나요. 원래부터 좋아했었는데, 그 날 이후로 더 반해버렸어요. 하고 싶은 거 다 하면서 행복하게 살아요. 혜미 작가님이 하고 싶은 거 하면서 살아가는 모습을 그 누구보다 가까이에서 오래오래 보고 싶은 마음이에요. 늘 응원할게요.

추천도서

나로 살고 싶을 때

- 오제은 교수의 자기 사랑 노트
- 내것이 아니면 모두 버려라

아이와 성장하고 싶을 때

- 안녕 나의 엄마
- 무조건 행복하세요

≪엄마이자 나로 살겠습니다≫

함께 해준 사람들

김주영 이은희 정심결